Julius von Ficker

Deutsches Königtum und Kaisertum

Julius von Ficker

Deutsches Königtum und Kaisertum

ISBN/EAN: 9783744610797

Hergestellt in Europa, USA, Kanada, Australien, Japan

Cover: Foto ©ninafisch / pixelio.de

Weitere Bücher finden Sie auf **www.hansebooks.com**

DEUTSCHES KŒNIGTHUM UND KAISERTHUM.

ZUR ENTGEGNUNG

AUF DIE ABHANDLUNG

HEINRICHS VON SYBEL:

DIE DEUTSCHE NATION UND DAS KAISERREICH.

VON

JULIUS FICKER.

INNSBRUCK.
VERLAG DER WAGNER'schen UNIVERSITAETS-BUCHHANDLUNG.
1862.

Druck der Wagner'schen Buchdruckerei.

DEUTSCHES

KŒNIGTHUM UND KAISERTHUM.

Im verflossenen Jahre veröffentlichte ich unter dem Titel: „Das deutsche Kaiserreich in seinen universalen und nationalen Beziehungen," einige im Ferdinandeum zu Innsbruck gehaltene Vorlesungen. Ich suchte darin eine Auffassung unserer Geschichte näher zu begründen, wonach die von manchen unserer Herrscher verfolgte masslose Politik, welche eine mit dem Umfange der christlichen Kirche zusammenfallende Weltherrschaft erstrebte, allerdings selbst im Falle ihres Gelingens weder den Bedürfnissen der Nation, noch denen des Welttheils hätte entsprechen können; wonach es eben ein letzter misslungener Versuch in dieser Richtung war, welcher die staatliche Zerrüttung Mitteleuropas und zugleich die des nationalen deutschen Staatsverbandes zur Folge hatte. Ebenso bestimmt glaubte ich aber auch darauf hinweisen zu müssen, wie das noch nicht berechtigt, nun auch über die massvolleren, wirklich erreichten und durch Jahrhunderte behaupteten Ziele der Kaiserpolitik den Stab zu brechen; wie es sich insbesondere noch keineswegs daraus ergibt, dass eine sich wesentlich auf den nationalen Staatsverband beschränkende Politik unserer Herrscher durchführbar und dem Gedeihen der Nation förderlich gewesen sein würde. Ich suchte vielmehr zu erweisen, dass die die nationalen Gränzen weit überschreitende Machtstellung, welche unsere Nation in den Zeiten des Kaiserreichs in Italien, in Burgund und Lothringen einnahm, dass die Anerkennung, welche ihre Stellung an der Spitze der Christenheit durch den ausschliesslichen Anspruch ihrer Herrscher auf die Kaiserkrone fand, das Gedeihen ihres nationalen Staatswesens

in keiner Weise beeinträchtigte; dass umgekehrt dieses erst in
Folge der Erschütterung jener äussern Machtstellung nun gleichfalls der Zerrüttung anheimfiel. Ich suchte weiter zu begründen,
dass, wenn trotz dieser nicht wieder beseitigten Zerrüttung die
Einbusse der Nation an übermächtige Nachbarn doch bis jetzt
noch in einem günstigeren Verhältnisse steht, als das die blosse
Rücksichtnahme auf die durch den staatlichen Zerfall gelähmte
nationale Widerstandskraft erklären kann, der Grund dafür in
der Stütze zu suchen sei, welche ihr die Reste der alten kaiserlichen Machtstellung, dann die auf vielfach entsprechenden Grundlagen beruhende habsburgische Hausmacht boten. Schliesslich
zog ich aus dem allem die Folgerung, dass auch jetzt der Versuch, ein die ganze Nation umfassendes, aber auch auf sie abgeschlossenes Staatswesen herzustellen, weder gelingen könne, noch,
da seine Durchführung eine weitere Schmälerung der äussern
Machtstellung voraussetzt, selbst im Falle des Gelingens die
Unabhängigkeit der Nation, die Erhaltung ihres Gebietes genügend verbürgen würde; dass auch Versuche zu engerer Vereinigung der Nation selbst nur dann ohne Gefahr und mit Aussicht auf Erfolg unternommen werden können, wenn sie geschehen
unter dem Schirme einer noch immer vorhandenen, nur genügender
zu sichernden, in Weise des alten Kaiserreichs über die nationalen
Gränzen hinausgreifenden äussern Machtstellung.

Mit dieser Ausführung trat ich nun gleichsam zwischen zwei
andere, von sehr verschiedenen Standpunkten, mit mehr oder
minder scharfer Betonung geltend gemachte Auffassungen der
Kaiserpolitik. Die eine dem masslosesten Streben der Kaiser
nach Macht und Herrschaft Beifall zollend, wohl noch mit den
Zielen der Politik eines Friedrich II. das nationale Interesse verknüpfend. Die andere die Kaiserpolitik überhaupt verwerfend,
das Gedeihen der Nation abhängig machend von einer sich
wesentlich auf das nationale Gebiet beschränkenden Politik
unserer Herrscher.

Letztere Auffassung fand sehr bestimmten Ausdruck in einer
zunächst gegen Giesebrecht gerichteten Festrede v. Sybels: „Ueber
die neueren Darstellungen der deutschen Kaiserzeit." Da ich

nicht allein die Stichhaltigkeit solcher Auffassung überhaupt bestritt, sondern in einigen Stellen meiner Schrift gerade auf jene Festrede Bezug nahm, so lag es nahe, dass v. Sybel es unternahm, in einer historisch-politischen Abhandlung: „Die deutsche Nation und das Kaiserreich," den früher von ihm entwickelten Thatbestand gegen meine Erörterungen aufrecht zu erhalten. Motivirt er nun S. XI das Erscheinen seiner Schrift auch dadurch, dass mein Buch nichts anderes sei, als eine Behandlung der von ihm besprochenen Verhältnisse mit diametral entgegengesetztem Resultate, so mag das bezüglich der historischen Erörterung so sein. Um so mehr hat es mich überrascht, in dem politischen Schlussergebnisse seiner Schrift den diametralen Gegensatz, welchen die entgegengesetzte Auffassung der geschichtlichen Thatsachen zu bedingen schien, nicht wieder zu finden. Der diametrale Gegensatz gegen mein Schlussergebniss würde die Bildung eines jeder engeren Verbindung mit fremden Nationen entledigten Nationalreichs sein, und damit der Zerfall des österreichischen Kaiserstaates, welcher in Weise des alten Kaiserreichs Deutsche und Nichtdeutsche zunächst für äussere Aufgaben vereinigt. Führt nun seine Erörterung zu diesem Resultate? Weit gefehlt; nicht allein der Fortbestand Oesterreichs wird für wünschenswerth erklärt, sondern auch das Bedürfniss Deutschlands zugegeben nach Fortdauer eines weitern Bundes mit Oesterreich zur gemeinsamen Vertheidigung gegen Aussen unter grösster Steigerung der wechselseitigen Handels- und Kulturbeziehungen. Das ist nun sonderbarerweise wesentlich dasselbe, was ich aus meiner vom Gegner bekämpften Anschauung vom Werthe des deutschen Kaiserreichs für die Bedürfnisse der Gegenwart folgere: die Nothwendigkeit eines über die Nation hinausreichenden Verbandes zum Zwecke der Sicherung nach Aussen. Gelangen wir hier, wo unsere Ansichten über die Vergangenheit so weit auseinandergehen, zu demselben Schlussergebnisse für die Gegenwart, so durfte ich wohl um so sicherer auf den Beifall des Vertreters des deutschen Nationalreiches der Vergangenheit rechnen, wenn ich innerhalb des weitern Verbandes eine engere politische Vereinigung der Nation, wie sie einst das deutsche Königreich innerhalb des Kaiserreiches bildete, als wünschenswerth bezeichnete. Wiederum weit gefehlt; der Gegner sieht ab von jedem engeren staatlichen Verbande der Nation für die Gegenwart; der Nationalstaat, sei er auf sich gestellt, sei er in Verbindung mit einer umfassenderen politischen Gestaltung, kommt in seinem Schlussergebnisse nirgends zur Geltung; er spricht nur von einer kräftigeren staatlichen Organisation eines Theiles der Nation, von einem innerhalb der Nation unter preussischer Führung zu errichtenden engeren Bunde. Wenn so der Vorkämpfer des alten deutschen Nationalreiches dasselbe für die Gegenwart fallen lässt, wenn der Gegner des alten deutschen Kaiserreichs demjenigen, was ein Vertheidiger des Werthes desselben daraus für die Bedürfnisse der Gegenwart folgert, zustimmt, so mag er dafür seine von unserer verschiedenen Auffassung der Vorzeit ganz unabhängigen Gründe haben, auf deren Würdigung hier einzugehen nicht meine Absicht ist. Aber im Hinblicke auf die gewiss beherzigenswerthen Worte des Gegners: „Es wäre ein grosser Fortschritt unserer politischen Parteien, wenn sie auf historische Begründung ihrer Tendenzen ausgingen und Stolz und Hoffnung darein setzten, dass ihr Streben die Fortsetzung einer grossen Vergangenheit in sich schlösse," glaubte ich doch sogleich darauf hinweisen zu sollen, dass allerdings mein Endergebniss in leicht erkennbarem Zusammenhange steht mit meiner Auffassung unseres alten Kaiserreichs; dass dagegen ein gleicher Zusammenhang des Endergebnisses des Gegners mit seiner Auffassung der geschichtlichen Streitfrage, von welcher wir ausgingen, so wenig hervortritt, dass seine Forderung des Fortbestandes Oesterreichs und des weitern Bundes vielmehr gerade mit meiner Auffassung in schönster Harmonie zu stehen scheint; dass weiter für seinen engeren Bund alle möglichen aus einer Erwägung der jüngsten Vergangenheit und der politischen Lage der Gegenwart sich ergebenden Gründe sprechen könnten, ohne dass desshalb irgend abzusehen wäre, welcher der staatlichen Gestaltungen unserer grossen Vergangenheit derselbe denn als Fortsetzung dienen solle.

Es ist natürlich Sache des Gegners, wenn er trotz dieses ganz verschiedenen Verhältnisses unserer Endergebnisse zu der historischen Streitfrage es für angemessen hielt, die Bekämpfung meiner geschichtlichen Auffassung mit der Entwicklung seiner politischen Ansicht zu verbinden. Interessirt mich zunächst jene, besteht da der entschiedenste Gegensatz unserer Anschauungen, so wird es auch den Gegner nicht wundern, wenn ich nochmals auf dieselbe eingehe. Und zwar nicht blos, um meine Gründe zu stärken, seine Gegengründe zu entkräften; sondern auch um eine Streitweise näher zu beleuchten, welche in manchen Punkten alles überbieten dürfte, was in einer Streitschrift, welche nicht blos politisch, sondern doch auch historisch sein soll, von einem so namhaften Vertreter der historischen Wissenschaft irgend zu erwarten gewesen wäre. Und denke ich dabei unter anderm auch Gewicht darauf zu legen, dass der Gegner meinen Standpunkt durch willkürliche Insinuationen verschiebt, so fühle ich doppelt das Bedürfniss, mich vorher etwas umständlicher gegen seine Vorwürfe S. XI. XIII. zu rechtfertigen, wonach ich mir dasselbe gegenüber seinem früheren Vortrage erlaubt und mich dadurch einer Erschleichung schuldig gemacht haben soll.

Ich soll nämlich behauptet haben, eine Darstellung, wie die seinige, „solle dazu dienen, neuesten politischen Bestrebungen eine geschichtliche Stütze zu verleihen;" niemand werde bestreiten, dass sie „auf modernen Anschauungen über die beste Gestaltung des Staates" beruhe, dass sie „an die geschichtlichen Dinge mit einem bereits fertigen Urtheil über die für die Gegenwart wünschenswerthe Entwicklung herantrete," dass sie die mittelalterlichen Dinge unbefugt mit dem Massstab des modernen Nationalitätsprinzips messe. Ich könnte mich begnügen, den Vorwurf einfach zurückzugeben. Es ist richtig, dass die hervorgehobenen Sätze in meiner Einleitung vorkommen; es ist aber eine ganz willkürliche Insinuation v. Sybels, dieselben unmittelbar auf seine Festrede zu beziehen. Ich wende mich in der Einleitung ganz im allgemeinen gegen eine der meinigen entgegenstehende geschichtliche Auffassung, welche keineswegs nur in jener Festrede vorlag, sondern zur Zeit des italienischen Kriegs und in der nächstfolgenden wieder und wieder, insbesondere auch in der politischen Tagesliteratur, sich breit machte, und da doch unter anderem vermuthlich auch „dazu dienen sollte, neuesten politischen Bestrebungen als Stütze zu dienen;" ich weise sogar S. 4 ausdrücklich darauf hin, dass ich die sich entgegenstehenden Richtungen in meiner Schilderung schärfer auseinanderhalte, als sie sich in der Wirklichkeit, also doch auch wohl in der Festrede, geltend machen können. Mit welchem Rechte kann man nun dennoch unmittelbar folgende Sätze bestimmt auf die Festrede beziehen? Mit keinem Worte ist in der Einleitung die Festrede als Gegenstand meiner Angriffe bezeichnet; nur einen einzelnen Satz derselben greife ich S. 6 an; ob mit Recht, darauf werde ich zurückkommen. Verlangt der Gegner, dass ich in seinen Vortrag nichts hineinlege, was nicht mit dürren Worten in demselben gesagt ist, so kann ich verlangen, dass er die Stellung meiner Arbeit zu seiner Rede nach dem beurtheilt, was ich über dieselbe in der Vorrede sage; meine Arbeit würde auch ohne dieselbe wesentlich so entstanden sein, wie sie vorliegt; es dürfte kein halbes Dutzend Stellen sein, auf deren Fassung dieselbe bestimmteren Einfluss geübt hat; nur der Umstand, dass ich sie einmal wörtlich anziehe, liess es mir, um Missdeutungen auszuweichen, angemessen erscheinen, in der Vorrede auf sie hinzuweisen. Findet v. Sybel, dass meine allgemeine Schilderung auf seine Rede nicht passt, so habe ich nirgends gesagt, dass sie gerade darauf passen soll, und er wird nicht irre gehen, wenn er daraus die nächstliegende Folgerung zieht, dass eben während der Arbeit meine Gedanken sich nicht fortwährend um jene drehten; nicht ich, sondern er denkt bei jedem meiner Worte an seine Festrede.

So bestimmt ich nun aber auch das Verfahren, jeden beliebigen Satz meiner Einleitung in wörtlicher Fassung in nächste Beziehung zur Festrede zu bringen, als ein willkürliches bezeichnen muss, so wenig habe ich Grund, etwa damit einer Erörterung ausweichen zu wollen, in wie weit ich berechtigt war, die Festrede im allgemeinen der von mir bekämpften Richtung zuzuzählen. Wenn jetzt v. Sybel S. XIII aufs bündigste versichert, dass er bei seiner Rede an eine Voraussetzung aus modernen Zuständen oder eine Nutzanwendung auf moderne Streitfragen nicht gedacht habe, so steht es mir freilich nicht mehr zu, das noch in Zweifel zu ziehen, da ja die Gedanken des Verfassers nur diesem bekannt sind. Für das Urtheil eines Andern konnten natürlich nur die Rede, wie sie vorliegt, und die Umstände, unter denen sie gehalten wurde, massgebend sein. Und der Gegner wird es sehr begreiflich finden, wenn ich zu meiner eigenen Rechtfertigung nachzuweisen versuche, wie sehr nach diesen Anhaltspunkten der Schein gegen seine jetzige Versicherung sprach, wie wenig mich ein Vorwurf treffen kann, wenn ich trotz vorsichtigster Erwägung der begleitenden Umstände und des Wortlautes selbst über seine Intention im Unklaren gewesen zu sein scheine.

Der Gegner schliesst seine zu München am Geburtsfeste des Königs gehaltene Rede ganz passend mit einem lobenden Hinweis auf die nationalen Bestrebungen des Hauses Wittelsbach. Was würde, auch wenn der Redner es nicht selbst angedeutet hätte, näher liegen, als die Vermuthung, dass hier Zeit und Ort für die Wahl gerade dieses Schlusses massgebend gewesen seien? Dennoch könnte die Vermuthung sich als irrig erweisen; v. Sybel könnte erwiedern, seine Intentionen seien falsch aufgefasst, er würde auch an anderem Ort, zu anderer Zeit ganz denselben Schluss gewählt haben. Aber wer würde es mir verübeln können, wenn ich auf jene Umstände hin eine solche Vermuthung geäussert hätte, auch wenn dieselbe später durch die verneinende Erklärung des Verfassers als irrig erwiesen wäre? Und kaum anders verhält es sich mit dem Hauptinhalte der Festrede.

Diesen Hauptinhalt bildet ein Nachweis, wie verderblich es gewirkt habe, dass unsere Herrscher den Rahmen des durch K. Heinrich I. auf wesentlich nationaler Grundlage gegründeten Reiches überschritten, einer Weltherrschaft nachstrebten, insbesondere auch, dass sie sich Italien unterwarfen. Die Rede dieses Inhalts wurde gehalten wenige Monate nach Beendigung des italienischen Krieges, welcher diese geschichtlichen Fragen wegen ihrer leicht erkennbaren Beziehungen zur Gegenwart aufs lebhafteste ins Gedächtniss rief, welcher die Nation im Anschlusse an schon bestehende Parteiverhältnisse in zwei Lager spaltete, von welchen das eine das Fortbestehen deutscher Herrschaft in Italien für ein nationales Bedürfniss erklärte, das andere es bedauerte, dass es den französischen Waffen nur theilweise gelungen war, das Programm der Befreiung Italiens bis zur Adria auszuführen. Die Rede wurde gehalten von einem Gelehrten, dessen Stellung zu diesen Parteien durchaus bekannt war, eben in jener Zeit auch öffentlich besprochen wurde. Wenn dieser Gelehrte nun für eine öffentliche Rede einen Gegenstand wählt, welcher mit seinen sonstigen spezielleren Forschungen, so weit diese bekannt sind, nicht gerade in nächster Verbindung steht, aber an die brennendsten Tagesfragen so nahe herantritt, als das bei Dingen längstvergangener Zeiten nur irgend der Fall sein kann, so wird man, denke ich, es sehr verzeihlich finden, wenn ein Fernstehender sich zu der Annahme, der Redner habe bei der Wahl gerade dieses Stoffes doch auch an eine Nutzanwendung auf moderne Streitfragen gedacht, selbst dann berechtigt hielt, wenn in der Rede selbst wirklich mit keinem Worte darauf hingewiesen wäre.

Zu allem Ueberflusse ist nicht einmal das der Fall. Der Festredner bespricht S. 11 die Auffassung Giesebrechts, welcher vor allem stark und warm die einstige weltbeherrschende Stellung unserer Kaiser betone; welcher glaube, dass man sich über die Mittel zur nationalen Herstellung eher einigen würde, wenn man an der Hand der Geschichte die Bedingungen zu ergründen suche, unter denen das deutsche Volk einen weltbeherrschenden Einfluss gewinnen und mehrere Jahrhunderte hindurch behaupten konnte; welcher es gerechtfertigt finde, wenn unser Volk mit der heissesten Sehnsucht nach der Kaiserzeit, nach jener Zeit eines einigen, grossen und mächtigen Deutschland zurückverlange. Dann aber heisst es wörtlich: „Es ist bekannt genug, wie vielfachen Wiederhall solche Stimmungen heute finden. Um so wichtiger scheint es die historische Berechtigung der Ansicht zu untersuchen, welche ihnen zu Grunde liegt."

Das scheint mir vollkommen deutlich gesprochen zu sein.

Jenes Heute, ich erinnere nochmals daran, ist der 28. November 1859, die Zeit nach dem italienischen Kriege. Es ist begreiflich, wenn der Wiederhall solcher Stimmungen gerade an diesem Heute einem Gegner des Kaiserreichs und der deutschen Herrschaft in Italien besonders unbequem war, wenn er es gerade jetzt für besonders wichtig hielt, ihnen entgegenzutreten. Aber heisst denn das nicht an eine Nutzanwendung auf moderne Streitfragen denken? Jene Worte mögen einer andern Deutung fähig sein, obwohl ich dieselbe auch jetzt nicht zu ergründen weiss, müssen sogar einer andern Deutung fähig sein, da wir ja jetzt erfahren, dass der Gegner an eine solche Nutzanwendung nicht dachte. Aber er wird mir hoffentlich zugeben, dass der Schein doch zu sehr gegen ihn war, dass seine eigenen Worte mir viel zu bestimmt eine solche Annahme nahe gelegt hatten, als dass hier von Erschleichungen meinerseits irgendwie die Rede sein dürfte.

Es hat mich überhaupt überrascht, dass v. Sybel mir diese Annahme verübelte. Mir wenigstens scheint es ganz nahcliegend, unverfänglich und löblich, dass ein Historiker mit Vorliebe gerade einen solchen Stoff ergreift, von dessen Bearbeitung und Veröffentlichung er eine nach seiner Ansicht heilsame Einwirkung auf das Verständniss moderner Streitfragen erwarten darf. Und ich nahm daher auch nicht den mindesten Anstand, deutlich genug darauf hinzuweisen, dass die Zeitereignisse mich veranlassten, Ansichten, wie sie mir aus längerer Beschäftigung mit unserer Geschichte erwachsen waren, gerade jetzt zusammenzustellen und zu veröffentlichen.

Denn natürlich ist es ganz etwas Anderes, ob nun auch die Bildung dieser Ansichten unter dem massgebenden Einflusse der Tagesfragen stand, ob ich dabei an Voraussetzungen aus modernen Zuständen dachte, wie der Gegner S. XIII mir vorhält. Jedenfalls folgt das nicht schon daraus, wie er anzudeuten scheint, dass meine Darstellung in eine Besprechung von Tagesfragen ausläuft; er hätte nachzuweisen, dass meine Forschung den umgekehrten Weg eingeschlagen, dass sie nach Massgabe meiner Ansicht über die Tagesfragen die Darlegung der Bedeutung des alten Kaiserreichs konstruirt habe. Dass das nicht der Fall war, habe ich in meiner Einleitung gesagt, zugleich aber auch S. 11 angedeutet, in wie weit ich es überhaupt für möglich halte, bei Erwägung der Thatsachen der Vergangenheit von jeder Voraussetzung aus modernen Zuständen sich frei zu machen. Glaubt ein Anderer, sich voller Objektivität rühmen zu dürfen, so ist das seine Sache. Für mich habe ich keine grössere in Anspruch genommen, als mir überhaupt bei redlichem Willen erreichbar scheint. Will der Gegner mir solche trotz meiner Versicherung nicht zugestehen, mich demnach der Unwahrheit zeihen, so will ich darüber nicht rechten. Denn die etwa darin liegende persönliche Verdächtigung kann ich beruhen lassen, falls der Sache selbst kein Eintrag dadurch geschieht. Hat sich meine Ansicht wirklich aus einer Konstruktion nach rückwärts auf Grundlage moderner Gesichtspunkte ergeben, so muss das unzweifelhaft auch seinen Ausdruck darin finden, dass ich den historischen Thatsachen Gewalt angethan, sie für meine Zwecke verzerrt und verschoben habe. Um das zu erweisen, genügen aber blosse Machtsprüche des Gegners noch keineswegs. Das Urtheil Unbefangener und Sachverständiger wird nach den Gründen fragen, auf welche dieselben sich stützen; und wie es mit diesen Gründen bestellt ist, darauf werden wir zurückkommen.

Nun rechnet freilich v. Sybel unter meine grundlosen und willkürlichen Insinuationen auch die, er sei von Voraussetzungen aus modernen Thatsachen ausgegangen; ich soll von einer Darstellung wie die seinige, behaupten, dass sie „an die geschichtlichen Dinge mit einem bereits fertigen Urtheil über die für die Gegenwart wünschenswerthe Entwicklung herantritt." Wollte der Gegner sich nicht darauf beschränken, sich für den Fall, dass ich etwa seine Arbeit gemeint haben sollte, zu vertheidigen, sondern mir kurzweg Insinuationen und Erschleichungen vorwerfen, so wäre es vor allem seine Sache gewesen, nachzuweisen, dass hier irgendwelche bestimmtere Beziehung auf seine Festrede vorliege. Und wie bei jenem allgemeinen Satze eine solche bestimmtere Beziehung sogar ausdrücklich durch den Zusammenhang ausgeschlossen ist, so habe ich ihn nirgends auf Einzelnheiten des Inhalts der Festrede anzuwenden gesucht; es war in dieser Beziehung ganz überflüssig, nachzuweisen, dass nicht alles, was ich über die meiner Ansicht nach irrige Geschichtsbehandlung sage, auf die Festrede passt.

Die Erwähnung der letztern in der Vorrede mag nun allerdings manche Leser auf den Gedanken gebracht haben, dass ich dieselbe immer vorzugsweise im Auge gehabt habe. Und muss ich nochmals das Recht bestreiten, jeden beliebigen Satz meiner Schrift auf die Festrede zu beziehen, so habe ich auch hier keinen Grund, weiterer Erörterung auszuweichen. Und für diesen Zweck gebe ich gern zu, dass ich, wenn ich S. 4 schrieb, es lasse sich für den Einzelfall entscheiden, welche Betrachtungsweise den Ausschlag gegeben habe, die von den Thatsachen ausgehende oder die mit einem fertigen Urtheil an sie herantretende, allerdings annahm, dass das fertige Urtheil auch auf die Festrede eingewirkt habe. Fragt man, was mich dazu berechtigen konnte, so antworte ich: die Anweisung, welche v. Sybel in der Festrede selbst für die Behandlung des geschichtlichen Stoffes gegeben hat, und die Vermuthung, dass er seiner eigenen Anweisung auch gefolgt sei.

Es wird nämlich in der Rede S. 10 als höchste und schwerste unter allen Funktionen des Historikers bezeichnet „die geistige Ergreifung und Verarbeitung des Stoffes nach politischen und sittlichen Prinzipien und die Gruppirung und Verbindung der Thatsachen nach organischen, durchgreifenden, einheitlichen Gesichtspunkten." Es heisst weiter: „Und gerade hier, glaube ich, liegen für die Darstellung der deutschen Kaiserzeit noch wesentliche Fortschritte vor uns: unsere Geschichtschreibung bedarf auf diesem Gebiete, wenn ich nicht ganz irre, noch eines festeren und schärferen politischen Blickes, eines reiferen und konsequenteren politischen Urtheils."

Während ich die höchste Aufgabe des Historikers in dieser Richtung darin sehe, sich aus unbefangener Erwägung der geschichtlichen Thatsachen seine politischen Ansichten zu bilden, wird hier umgekehrt Verarbeitung des historischen Stoffs nach politischen Prinzipien gefordert; was dort das Nachfolgende, ist hier das Vorausgehende. Theoretisch ist die von mir bekämpfte Behandlungsweise vielleicht nie schärfer zum Ausdrucke gelangt. Man wird es sehr begreiflich finden, wenn ich mir diesen werthvollen Beleg nicht entgehen liess, S. 6 den ersten jener Aussprüche wörtlich anführte und hinzufügte, es sei das eben nur jene einseitige Betrachtungsweise, wie sie den Zwecken des Politikers dient, welcher seine politischen Ansichten nicht auf die geschichtliche Erfahrung gründet, sondern nach jenen die geschichtlichen Thatsachen zurechtlegt.

Der Gegner versichert nun freilich S. XIV, nicht weil er sich zu den Ansichten der nationalen Partei bekenne, suche er das alte Kaiserreich herabzusetzen, sondern umgekehrt, weil ihm alle Vergangenheit die kaiserliche Politik als das Grab unserer Nationalwohlfahrt gezeigt habe, ziehe er das kleine Deutschland vor. Ich habe kein Recht, das zu bestreiten, und es freut mich, dass er wenigstens in dem Einzelfalle der von mir befürworteten Behandlungsweise zustimmt. Dann steht aber jene Anweisung in der Festrede sehr überflüssig da; er hat sie in der Erörterung, welche sie einleitet, selbst gar nicht angewandt. Oder aber er hat sich in jenem Satze von der höchsten Funktion des Historikers unklar ausgedrückt, etwas anderes dabei gedacht, als ich und Andere schwerlich ohne Grund daraus gefolgert haben. Dann war es seine Sache, mich eines Bessern zu belehren. Wollte er mir aber willkürliche Insinuationen und Erschleichungen vorwerfen, so war hier, und nur hier der Punkt, an dem er es versuchen konnte, das zu begründen. Nur hier knüpfe ich unmittelbar an seine Festrede an; wollte er von Erschleichungen reden, so hatte er nachzuweisen, dass ich seinen Satz nicht allein missverstanden, sondern ihm absichtlich eine Deutung, deren er nicht fähig ist, untergeschoben habe.

Weder das eine, noch das andere ist geschehen. In dem ganzen gegen mich gerichteten Theile der Vorrede wird der einzige Satz der Festrede, welchen ich ausdrücklich angreife, beharrlich ignorirt. Es ist freilich der Satz, dessen Hervorhebung vorzüglich geeignet gewesen wäre, die mir gemachten Vorwürfe auf den Urheber zurückfallen zu lassen.

Nun scheint aber doch auch der Gegner zu fühlen, dass jener Satz mindestens einer genaueren Erklärung bedürfe, wenn er nicht für jeden Unbefangenen den Gebrauch, den ich davon machte, zu handgreiflich rechtfertigen soll. Es sind einige Sätze seiner gegen andere Gegner gerichteten Polemik, welche dazu bestimmt scheinen, die Rolle, welche er den politischen und sittlichen Prinzipien anweist, näher zu erläutern. Es war das allerdings bequemer, da so der unangenehme Zusammenhang, in welchem sie zu meinen angeblichen Erschleichungen stehen, nicht hervortritt. Sind nun jene Sätze auch nicht an meine Adresse gerichtet, so soll mich das nicht abhalten, sie in Rechnung zu ziehen und nochmals zu prüfen, ob ich jenen Satz von der höchsten Funktion des Historikers mit Unrecht auf das, was man sonst wohl als Geschichtskonstruktion bezeichnet, bezogen habe; es ist nicht meine Schuld, wenn sie mich vorläufig nur in meiner ersten Auffassung bestärken können.

In der Festrede waren es die politischen Prinzipien, der politische Blick, das politische Urtheil, auf welche der Akzent fiel. Die ziehen sich jetzt freilich bescheiden zurück; nur einmal, S. XI, findet sich eine Stelle, welche eine Erläuterung beabsichtigen dürfte. Würde es sich danach bei der als höchste Funktion des Historikers gepriesenen Verarbeitung nach politischen Prinzipien nur etwa handeln um „die Befugniss, ein politisches System, welches die von ihm beherrschten Völker zur Erschöpfung und Anarchie hinführt, ein verderbliches zu nennen, wenn auch alle Klosterchroniken seiner Zeit dafür geschwärmt haben," so ist das allerdings so wenig zu widerlegen und so überaus einfach, dass nur eben nicht recht einleuchtet, wie das die höchste und schwerste Funktion des Historikers sein soll, wie man den deutschen Geschichtschreibern für diesen Zweck einen schärferen politischen Blick, ein reiferes politisches Urtheil anempfehlen mag; da dürfte doch ein bescheideneres Mass politischer Einsicht vollkommen ausreichen.

Der Gegner dürfte aber auch vollkommen irre gehen, wenn er hinzufügt: „eben hievon und von nichts anderm handelt es sich in unserm Fall." So schrecklich einfach liegt die Sache doch nicht. Zugegeben, dass die einem bestimmten politischen System, also hier dem Kaiserthume, unterworfenen Völker schliesslich in Erschöpfung und Anarchie verfallen sind, so wäre doch genauer zu untersuchen, ob nun jenes politische System die Ursache der Erschöpfung gewesen sei, da Vorhergehendes und Nachfolgendes sich doch nicht ohne weiteres als Ursache und Wirkung verhalten müssen. Auch das zugegeben, liesse sich doch die Frage aufwerfen, ob das System an und für sich verderblich gewirkt habe, oder etwa nur sein zu langes Festhalten, oder seine Ueberspannung, oder das Hinzutreten ihm fremder Umstände. Und auch das im Sinne des Gegners beantwortet, würde sich noch immer erörtern lassen, ob nicht trotzdem das System nur ein nothwendiges Uebel gewesen sei, ohne welches aller Wahrscheinlichkeit nach nicht blos Erschöpfung, sondern Vernichtung eingetreten sein würde. Die Berechtigung solcher weiterer Zergliederung der Frage wird nicht füglich zu bestreiten sein; und so unendlich klar, wie der Gegner meint, liegen also diese Dinge nicht vor Augen.

Und niemand wird nun weiter verkennen, dass die Beantwortung dieser Fragen sehr verschieden ausfallen kann, je nachdem ich von jedem politischen Prinzip abstrahire, jedes System an und für sich gleich gut und gleich schlecht sein lasse, mir nur vergegenwärtige, was es im gegebenen Falle gewirkt und gehindert hat: oder aber den Stoff nach politischen Prinzipien verarbeite, also doch eine Ansicht mitbringe, ob die dem Systeme zu Grunde liegenden Prinzipien berechtigte oder unberechtigte sind.

Und die politischen Prinzipien, welche v. Sybel in Anwendung bringt, sind keineswegs überall so einfach, unschuldig und unbestritten, als der Satz, dass man ein verderbliches System auch als verderblich bezeichnen dürfe. Dahin gehört unter anderm die Stellung, welche er dem nationalen Prinzip in der Staatenbildung zuweist, und ich gehe auf dieses um so lieber ein, als es zu unserer Hauptfrage in nächster Beziehung steht und ich nicht befürchten darf, hier den Gegner misszuverstehen und grundloser Insinuationen geziehen zu werden, da er sich über den Massstab, nach welchem er in dieser Richtung sein Urtheil bildet, deutlich genug ausgesprochen hat.

Vollkommen einverstanden bin ich natürlich mit dem, was er S. 27 darüber bemerkt, dass die Sprache nicht das einzige Merkmal der Nationalität sei, dass die Nationalität nicht etwas Fertiges und Festabgeschlossenes sei. Ebenso, wenn er S. 36 bemerkt: „Es scheint auch uns ein Zeichen von Schwäche, wenn ein grosses Volk gar keinen Trieb zur Ausdehnung und gar keine Fähigkeit zu Annexionen hat." Wende ich mich S. 121 gegen die Einseitigkeit der modernen Sprachentheorie, so habe ich auch gar nicht daran gedacht, in v. Sybel einen bedingungslosen Anhänger derselben zu sehen; es würde ihm ja ein einfacher Hinweis auf seine Auffassung der Theilung Polens genügt haben, mich eines Bessern zu belehren. Darum ist es aber noch keineswegs, wie er S. 28 meint, eine ungehörige Verschiebung der Frage, wenn diese Dinge in die Diskussion hineingezogen werden. Denn einmal waren ja, wie ich wiederholen muss, der jetzige Gegner, seine Ansichten und seine Festrede nicht im mindesten der ausschliessliche Gegenstand meiner Polemik; und wie häufig sonst diese Dinge nach dem einseitigen Massstabe einer nach der Sprache bestimmten Nationalität bemessen werden, dürfte auch dem Gegner bekannt sein. Dann aber zeigt nun gerade die bestimmtere Formulirung seines nationalen Prinzips, wie meine Polemik auch ihm gegenüber ganz an ihrem Platze war.

Meine Erörterung läuft wesentlich darauf hinaus, dass sich ein allgemeingültiges Prinzip für den Werth des Zusammenfallens der Gränzen der Nation mit denen des Staats gar nicht aufstellen lasse, dass die verschiedenartigsten Interessen hier auf ein Abweichen hinwirken können, dass es ganz auf die Lage des Einzelfalls ankomme, ob die Herrschaft über Fremde der Nation erspriesslich oder verderblich sei. Daraus folgt, dass ich für die zunächst in Frage kommende Herrschaft der Deutschen über Italien und Burgund keinen Massstab anerkenne, nach welchem von vornherein über Werth oder Unwerth derselben abgeurtheilt werden könne. Nur eine Erwägung der besondern Zeitlage, der besondern geographischen Verhältnisse, der Bedürfnisse der herrschenden und der beherrschten Nation, der Art der Herrschaft und ähnlicher Gesichtspunkte wird da zu einem Urtheil berechtigen.

Anderer Meinung ist der Gegner. Er glaubt hier ein festes politisches Prinzip aufstellen, die Erspriesslichkeit der Ausdehnung der Herrschaft über die Nationalgränzen auf einen einzigen Fall einschränken zu dürfen, indem er S. 37 das Ergebniss seiner Erörterungen in folgender Weise zusammenfasst: „Mit einem Worte, man mag fremde Lande erobern, wenn man stark und klug genug ist, dass im Laufe der Zeiten die bezwungenen Fremden zu wahren Volksgenossen werden. Es ist nicht nöthig, dass in jedem Augenblicke alle Bürger demselben Blute und derselben Sprache angehören, aber die Gesammtheit des Reiches und das Verhältniss seiner Elemente muss so beschaffen sein, dass die Möglichkeit und die Tendenz zur Verschmelzung und Einheit gegeben ist." Es ist also die Beherrschung fremder Gebiete nur in dem einen Falle zu rechtfertigen, wenn sie voraussichtlich zur nationalen Assimilirung führen wird. Es wird nicht zu verkennen sein, dass doch auch damit eigentlich nur das Nationalitätsprinzip als massgebend für die Staatenbildung zugelassen ist. Nur freilich in viel verständigerer Fassung, als es sich sonst in unsern Tagen häufig breit zu machen versucht; entsprechend der früheren Auseinandersetzung S. 27 wird nicht die fertige, sondern die sich entwickelnde Nationalität als Grundlage des Staates hingestellt.

Steht nun ein solches Prinzip wirklich unwandelbar fest, so ist damit ein Massstab gegeben, welcher allerdings viel leichter und einfacher über die bezüglichen Verhältnisse der Gegenwart, wie der Vergangenheit urtheilen lässt, als die Erwägung der oft sehr verwickelten, hier das Für, dort das Wider nahe legenden thatsächlichen Lage des Einzelfalls. Nach jenem Massstabe wird sich alsbald die preussische Herrschaft in Polen als gerechtfertigt, die österreichische in Italien als ungerechtfertigt darstellen. Und geben wir die Stichhaltigkeit jenes Prinzips einmal zu, so bleibt uns auch nichts übrig, als mit dem Gegner die früheren deutschen Eroberungen auf slavischem Boden als er-

spriesslich, die auf romanischem als verderblich zu bezeichnen.
Ist diese Methode des Verarbeitens des historischen Stoffes
nach politischen Prinzipien unläugbar einfacher, als die von mir
befürwortete einer voraussetzungslosen Erwägung der historischen
Thatsachen, so ist sie damit noch nicht die richtigere. Und
leicht wird jeder erkennen, dass sie wenigstens dann vielfach zu
einseitigen Urtheilen, zu irrigen Ergebnissen führen muss, wenn
die Richtigkeit des massgebenden Prinzips nicht über jeden
Zweifel erhaben, nicht als völlig unabhängig von den Unterschieden der Zeit und des Ortes zu erweisen ist.

Und ist das in dem gegebenen Einzelfalle, wo der Gegner
sich so sicher fühlt, dass er sein massgebendes Prinzip bestimmt
formulirt, wirklich der Fall? Die blos subjektive Ueberzeugung
von der Richtigkeit des Satzes kann natürlich nicht entscheiden;
es müssen bei Urtheilsfähigen überhaupt keine Zweifel an der
Richtigkeit bestehen, wenn das Prinzip als allgemeingültig soll
in Anwendung gebracht werden dürfen. Und ich zweifle kaum,
dass jenes auf eben so viele Gegner als Vertheidiger stossen
dürfte, dass demnach von einer Allgemeingültigkeit schwerlich
die Rede sein kann.

Schon der positive Inhalt wird bei Manchen Bedenken erregen. Es liesse sich darauf hinweisen, dass für das Urtheil
nicht blos das Interesse der Erobernden, sondern auch das der
Unterworfenen massgebend sein müsse; dass eine Eroberung,
welche ein Volk nicht blos fremder Herrschaft unterwerfen, sondern es auch seiner Eigenart berauben wolle, am wenigsten zu
billigen sei; dass sich eine Nothwendigkeit englischer Herrschaft
in Irland, deutscher in Posen begründen lassen möge, damit aber
das Streben nach Assimilirung noch nicht gerechtfertigt erscheine.
Wir lassen das, da es sich dabei weniger um politische, als um
sittliche Gesichtspunkte handelt. Fassen wir mit dem Gegner
zunächst nur das politische Interesse der herrschenden Nation
ins Auge, welches auch für uns in dieser Frage das massgebende
ist, so können wir ihm nur darin zustimmen, dass zur Assimilirung führende Eroberungen gewiss die wünschenswerthesten
sind. Es hat dieser Gesichtspunkt ja auch in der Gestaltung

unseres Kaiserreichs seine volle Würdigung dadurch gefunden, dass man die eroberten slavischen Gebiete in den nationalen Staatsverband des deutschen Königreiches einbezog, während davon da, wo man nie die Absicht der Assimilirung hatte, in Italien und im Arelat, nicht die Rede war. Sollte nun aber wirklich jener Fall der Eroberung der einzige mit dem Gedeihen der herrschenden Nation zu vereinbarende sein, sollte dieses nicht vielmehr sehr häufig gerade nur auf Beherrschung fremder Gebiete mit voller Belassung der fremden Volksthümlichkeit hinweisen? Da gehen unsere Ansichten allerdings sehr bestimmt auseinander. Ich bin beispielsweise der Ansicht, dass das Gedeihen Englands sehr wesentlich durch die Behauptung einer mächtigen Stellung auf den Meeren bedingt ist, dass diese von dem Besitze von Gebieten verschiedenster Zunge abhängt, und dass das mit einer der englischen Nation verderblichen Eroberungspolitik nichts zu schaffen hat, obwohl die Zwecke Englands so vielfach nur auf Herrschaft, nicht auf Assimilirung hinweisen. Ich kann kaum glauben, dass die Freunde der Unabhängigkeit und des Gedeihens des italienischen Königreichs diese durch den Verlust des französischen Savoien gefördert glauben. Ist es richtig, dass der Süden Deutschlands gegen Franzosen und französische Bündner leichter, sicherer und mit geringeren Kräften am Mincio als auf der Alpengränze zu vertheidigen ist, ist es richtig, dass das Gedeihen des deutschen Weltverkehrs wesentlich durch den ungehemmten Zutritt zur Adria bedingt ist, so wird man auf die deutsche Herrschaft in Venetien grossen Werth legen können, ohne dessen Germanisirung für möglich, oder Versuche dazu nur für wünschenswerth zu halten. Und russischerseits würde man von den Gebieten am Sunde und am Bosporus gewiss mit Freuden Besitz ergreifen, ohne sich durch die Furcht abhalten zu lassen, durch den Besitz fremdartiger und nicht zu assimilirender Bestandtheile Einbusse an politischer Macht zu erleiden.

Ob nun der Gegner gerade in einem dieser Einzelfälle meine Ansicht theilt, weiss ich nicht; aber, zumal bei einem Zurückgreifen auf die Vergangenheit, würden sich derartige Beispiele doch in solcher Zahl häufen lassen, dass ich nicht zweifle, auch er würde in ein oder anderm Falle anerkennen, dass die Herrschaft auch über nicht assimilirbare fremde Gebiete das Gedeihen einer Nation wesentlich fördern könne. Die langen Jahrhunderte deutscher Herrschaft über ein so ausgedehntes romanisches Gebiet, wie Wälsch-Lothringen, haben zu keinerlei Vordringen deutschen Wesens geführt, eher zu stellenweisem Zurückweichen. Dennoch scheint es nicht, dass der Gegner unsern Herrschern Erwerbung und Festhaltung dieses Gebietes irgendwie verübelt; und er würde das auch schwer begründen können, wenn er S. 37 selbst zugibt, dass Deutschland ein Interesse daran hatte, Frankreich nicht zu überlegener Macht heranwachsen zu lassen.

Ich denke, jeder Unbefangene wird zugeben, dass die Beurtheilung der historischen Thatsachen nach einem solchen feststehenden, als unverrückbarer Massstab festgehaltenen politischen Prinzipe vielfach zu einseitigen und unrichtigen Ergebnissen führen muss.

Wird aber, was nahe liegt, etwa erwidert, man dürfe solche Sachen nicht auf die Spitze treiben, das Prinzip solle nur die Regel darstellen, nicht die Ausnahme ausschliessen, so wird dadurch, wie ich denke, der Satz von der Verarbeitung des historischen Stoffs nach politischen Prinzipien zu einer ganz bedeutungslosen Phrase. Denn was kann dem Historiker ein Prinzip nützen, welches sich nicht bedingungslos bewährt, ihn also, wenn er irgend gewissenhaft vorgehen will, doch in jedem Einzelfalle nöthigt, auf Grundlage der Thatsachen zu untersuchen, in wie weit hier die Regel, oder aber die Ausnahme zutrifft? Ueber die Regel bin ich ja im gegebenen Falle mit dem Gegner ganz einverstanden. Es sind eben die Thatsachen der Geschichte, welche uns belehren, dass die fertige oder werdende Nationalität vorzugsweise geeignet ist, der Staatenbildung als Grundlage zu dienen; ich habe das auch in meiner Schrift bestimmt ausgesprochen. Eben so wenig verkenne ich den Werth, den es haben mag, solche Prinzipien auf Grundlage der historischen Erfahrungen bestimmter zu formuliren, um für die Ziele der praktischen Politik als Richtschnur zu dienen, als Regel, welche freilich eben wieder nach der historischen Erfahrung Ausnahmen nie ausschliessen darf. Die Forderung aber, den historischen Stoff nach solchen politischen Prinzipien zu verarbeiten, dürfte wenig Vertheidiger finden. Sie leitet irre, wenn das Prinzip unbedingt als Massstab dienen soll. Sie ist bedeutungslos und überflüssig, wenn für das Prinzip nur bedingte Gültigkeit in Anspruch genommen wird. Sie ist doppelt bedenklich, wenn es im Unklaren bleibt, ob dieses oder jenes angenommen wird, und so der Forscher in die Versuchung geräth, das Prinzip bald als unveränderlichen Massstab in Anwendung zu bringen, bald eine Ausnahme zu gestatten, wie das eben seinen Zwecken und Neigungen entsprechen mag.

Diese Forderung der Festrede bildete den einzigen Punkt, bezüglich dessen ich den Gegner unmittelbar angegriffen habe; wollte er sich über die Polemik meiner Einleitung beschweren, so hätte ich ein gewisses Recht darauf gehabt, zu erfahren, in wie weit ich ihn hier missverstanden oder von seinen Worten ungerechtfertigten Gebrauch gemacht habe. Beobachtet der Gegner darüber tiefes Schweigen, findet sich in der Vorrede nur ganz beiläufig die erwähnte Hindeutung, wird dagegen S. X nun auch vom Gegner verlangt, dass man aus der Summe der einzelnen Thatsachen das Bild ihres Zusammenhangs, ihrer Entwicklung, ihrer Resultate gewinnen soll, versichert er S. XIV, dass seine politische Ansicht das Ergebniss geschichtlicher Erwägung sei, spricht er S. 28 von „geschichtlichen und sittlichen" Grundforderungen, während die Festrede in entsprechender Verbindung unzweifelhaft den Ausdruck „politische und sittliche" Prinzipien vorgezogen haben würde: so lässt sich daraus vielleicht schliessen, dass auch er inzwischen Gründe gefunden habe, welche ein weiteres Betonen der Theorie von der Verarbeitung nach politischen Prinzipien misslich erscheinen lassen. Sei dem nun, wie ihm wolle: meine Befugniss, den früher bestimmt formulirten Satz anzugreifen, kann dadurch nicht in Frage gestellt werden; und der Gegner wird es begreiflich finden, wenn Manchem die Vermuthung nahe tritt, dass ein Satz, welcher theoretisch nicht mehr betont wird, wenigstens praktisch noch seine Anwendung gefunden haben könnte.

Treten die politischen Prinzipien zurück, so erfahren wir nun etwas Näheres über die Verarbeitung der Geschichte nach sittlichen Prinzipien. In der Festrede waren diese weniger betont; meine Polemik nahm denn auch auf sie kaum Rücksicht, da eine nähere Beziehung zur Streitfrage nicht vorzuliegen schien. Ich gehe jetzt gern nachträglich auf sie ein. Denn einmal treten bei v. Sybel die Personen unserer Herrscher sehr in den Vordergrund; und da kann denn der sittliche Massstab vielfache Verwendung finden. Weiter aber erhält durch die jetzt vorliegende Erläuterung der Satz von der höchsten Funktion des Historikers in dieser Richtung eine Tragweite, welche ihm unterzulegen ich mich ohne solche Interpretation nie getraut haben würde, da sie geradezu die allerwillkürlichste Geschichtskonstruktion zu rechtfertigen scheint.

Der Historiker hat unzweifelhaft die Befugniss, jede Person nach sittlichem Massstabe zu messen. Und wenn v. Sybel S. X zugesteht, dass hier die Lage und die Anschauungen jedes Zeitalters gar manche Modifikationen nöthig machen, so kann ich ihm zugeben, dass gewisse sittliche Grundaxiome als ebenso feststehend und gültig für alle Zeiten wie die Grundgesetze der Logik gelten müssen. Ich will nicht Gewicht darauf legen, wie hier Begriffsverwirrungen oft in so weiten Kreisen sich geltend machen, dass man daran verzweifeln möchte, ob die Grundprinzipien wirklich noch als feststehende betrachtet werden dürfen; will nicht darauf hinweisen, wie schwer es oft ist, politische und sittliche Prinzipien in das nöthige Gleichgewicht zu setzen, da doch beispielsweise das erörterte politische Prinzip des Gegners, dass man fremde Gebiete erobern möge, wenn man stark und klug genug sei, sie zu assimiliren, gewiss mindestens einer genaueren Präzisirung bedürfte, um zugleich den ewigen Forderungen der Sittlichkeit gerecht zu werden. Eher würde zu erwägen sein, ob die vom Gegner zugestandenen Modifikationen nicht thatsächlich sich so ausschlaggebend erweisen dürften, dass das für alle Zeiten feststehende sittliche Prinzip höchstens noch einen ganz untergeordneten Werth für die Funktionen des Historikers haben könne, dieser doch immer genöthigt sein würde, sich den für den

Einzelfall in Anwendung zu bringenden Massstab aus Beachtung
der Zeitverhältnisse wesentlich erst zu bilden.
Immerhin mag man zugeben, dass sich das Urtheil über die
Handlungen einzelner Personen oder auch ganzer Nationen auch
aus feststehenden sittlichen Prinzipien zu ergeben habe. Eine
weitere Tragweite habe ich früher der Forderung des Verarbeitens
nach sittlichen Prinzipien nicht unterlegen mögen. Dann war
aber freilich nicht wohl abzusehen, wie das für unsere Frage, ob
das Kaiserreich das Unheil der Nation verschuldet habe, ins Gewicht fallen sollte.

Jetzt freilich legt der Gegner dem Satze eine Tragweite
unter, an die ich nicht gedacht hätte. Er spricht S. X von dem
„ewigen Gesetze der Kausalität, dass eine schlechte Wirkung
auch eine schlechte Ursache voraussetzt;" wir lesen S. VII: „Wer
von einer sittlichen Weltordnung überzeugt ist — und ich begreife ohne diese Ueberzeugung keine geschichtliche Wissenschaft
— der weiss auch, dass die Gewalten und Nationen dieser Erde
nicht ohne eigenes Verschulden zu Grunde gehen. Gerade dem
historischen Standpunkte ist es das dringendste Bedürfniss, dieses
Gesetz überall zur Klarheit zu bringen, denn unerträglich und
ein voller Widerspruch gegen eine sittliche Ordnung der Dinge
wäre der Gedanke, dass das fleckenlos Reine und Grosse allein
durch fremde Willkür und Nichtswürdigkeit zerstört werden
könnte."

Ich habe bisher geglaubt, und wahrscheinlich nicht ich allein,
dass damit die Aufgabe etwa des Dramatikers, nicht die des
Historikers bezeichnet sei. Ich denke, es ist vor allem Sache
des Historikers, auf Grundlage der geschichtlichen Thatsachen
zu untersuchen, ob ein solches Gesetz an den Dingen dieser Welt
sich wirklich bewährt. Und gewiss, die Geschichte gibt uns
hundertfache Belege von dem Fluche der bösen That, von dem
schliesslichen Siege des Rechts; und dem Historiker wird es zur
höchsten Genugthuung gereichen, wenn es ihm vergönnt ist, einen
solchen Verlauf wahrheitsgetreu zur Darstellung zu bringen und
damit den Glauben an die sittliche Weltordnung zu befestigen
und zu stärken.

Aber leider ist ihm diese Genugthuung nicht immer vergönnt; sein Gebiet sind nur die Dinge dieser Welt und auf diesem sucht er nur zu oft vergeblich nach der sittlichen Lösung, nach dem Lohn der guten, nach der Sühne der bösen That. Er wird sich nicht verhehlen können, dass seine Mittel nicht ausreichen, die Ueberzeugung von einer sittlichen Weltordnung wissenschaftlich zu begründen. Er wird verweisen müssen auf den Glauben an eine sittliche Weltordnung, mag derselbe nun bestimmter begründet erscheinen durch höhere Offenbarung, mag es ihm genügen, ihn herzuleiten aus einem allgemeinen Drange des menschlichen Gefühls, welcher auf die Nothwendigkeit sittlicher Sühne hinweist. Aber dieser Glaube bewegt sich ja auf weiterem Gebiete; um die sittliche Weltordnung überall zur Klarheit zu bringen, verschlingt er die Dinge dieser Welt mit dem Jenseits, spricht mit Rücksicht auf jene von den unerforschlichen Wegen der Vorsehung, lässt die Forderung entsprechender Sühne, wenn ihr hier nicht genügt wurde, in der andern Welt sich erfüllen, und gibt damit das unwiderleglichste Zeugniss, dass es nicht möglich ist, aus dem Verlaufe des irdischen Lebens jenes Gesetz genügend zu erweisen. Und dem Historiker, der eben nur auf dieses Leben hingewiesen ist, liegt ja dasselbe nicht einmal in seinem grossen Zusammenhange vor Augen; der Anfang der menschlichen Dinge ist ihm in Dunkel gehüllt, die Räthsel der Zukunft vermag er nicht zu lösen; nur das Einzelleben einer Person, eines Volkes liegt abgeschlossen vor ihm und an diesem vermag er das Gesetz nimmermehr überall zur erwünschten Klarheit zu bringen.

Wie sind zumal die Thatsachen mit der Wirksamkeit jenes Gesetzes zu reimen, wenn wir es nun versuchen, was für unsere Aufgabe zunächst in Frage kommt, das sittliche Vorgehen der Herrscher als Massstab zu nehmen für den Werth des Erfolges ihres Thuns, des Werkes, das sie geschaffen haben. Niemand, wenn er nicht geradezu die Heiligung der Mittel durch den Zweck vertreten will, wird von sittlichen Gesichtspunkten aus die Mittel billigen können, welche Chlodwig zur Gründung des Frankenreichs, Karl der Grosse zur Unterwerfung aller deutschen Stämme unter dasselbe, Heinrich der Löwe und andere deutsche Fürsten zur Unterjochung der Slaven in Anwendung brachten. Dennoch erfreut sich der Erfolg ihres Wirkens der vollen Billigung auch des Gegners. Dieser glaubt S. 70 Gewicht darauf legen zu sollen, dass die Erwerbung Siziliens durch K. Heinrich VI. eine höchst legale war. Ich habe nichts dagegen einzuwenden; aber dennoch wird sich nicht verkennen lassen, dass gerade dieser höchst legale Erwerb unseres Herrschers verderblicher für die Nation gewesen ist, als irgend ein anderer. Wenn es nun aber nach v. Sybel Aufgabe des Historikers ist, das Gesetz der sittlichen Weltordnung überall zur Klarheit zu bringen, überall nachzuweisen, dass schlechte Wirkungen aus schlechten Ursachen entspringen und umgekehrt, wie hat er sich nun zu helfen, wenn der spröde Stoff sich diesen Gesetzen nicht fügen will? Sind dem Dramatiker solche Aufgaben gestellt, so hat man es jederzeit nur billig gefunden, ihm eine Umformung des historischen Stoffes zu gestatten, wie sie eben für die Lösung solcher Aufgaben als unerlässlich erkannt wird. Sollen wir das nun auch auf den Historiker ausdehnen? Oder wenn nicht, wie soll sich dieser aus der Klemme ziehen? Wenn nun die sittliche That erweislich einen schlechten Erfolg gehabt hat, soll ich schliessen, die That sei demnach nicht sittlich gewesen? Das darf ich nicht, denn die That ist ja nach sittlichen Grundaxiomen gemessen, welche feststehen, wie die Grundgesetze der Logik. Also wird der Erfolg kein schlechter gewesen sein? Ja, wenn nur nicht die leidigen historischen Thatsachen im Wege ständen.

Ich denke, der Gegner selbst dürfte in vielen Fällen der erste sein, der gegen Anwendung seines Massstabes Verwahrung einlegte. Das Endergebniss seiner Schrift fordert fast unwillkürlich zu solcher Anwendung auf einen Einzelfall auf. Die spätere Machtstellung Preussens, und damit der deutsche Dualismus, ist ganz wesentlich durch zwei geschichtliche Thatsachen begründet, die Wegnahme Schlesiens und die Theilung Polens. Soll von einem für alle Zeiten gültigen sittlichen Massstabe überhaupt die Rede sein, will man diesen für solche Dinge nicht lieber ganz bei Seite legen, so dürfte doch das Urtheil über den sittlichen Werth jener Thatsachen vollkommen feststehen. Wie steht es nun hier mit dem vom Gegner angezogenen ewigen Gesetze der Kausalität, wonach die schlechte Ursache auch eine schlechte Wirkung bedingt? Es ist bekanntlich gerade hier in jüngster Zeit nicht ohne Erfolg versucht worden, die Wirksamkeit des vom Gegner betonten Gesetzes der sittlichen Weltordnung zur Klarheit zu bringen, nachzuweisen, wie aus jenem ersten, bei Erwägung der subjektiven Motive den Forderungen der Sittlichkeit nur um so schroffer entgegenstehenden Schritte der Annexion Schlesiens eine Kette weiterer Uebel sich folgerecht entwickelte. Und so weit der Historiker diese Kette bis jetzt überschauen kann, hat er schwerlich Ursache sich dieser Folgen zu freuen; die Früchte des Dualismus sind seither für die Nation nur bittere gewesen; und wenn Preussen selbst es bis jetzt nur erst zu einer unglücklichen Zwitterstellung gebracht hat, deren Aufrechthaltung die Kräfte des Staates übersteigt, welche immer bestimmter auf die Alternative hindrängt, entweder der Grossmachtpolitik zu entsagen oder durch Wiederaufnahme der Annexionen einen Theil der Last auf andere Schultern überzuwälzen, so stehen wir eben noch mitten in einer aufs unmittelbarste an jenen ersten Schritt anknüpfenden Entwicklung.

Der Ausgang dieser Entwicklung ist uns unbekannt; in wie weit sich an dieser Kette schliesslich das Gesetz der sittlichen Weltordnung offenbaren wird oder nicht, liegt in der Hand der Vorsehung. Für den Gegner sollte das freilich keinem Zweifel unterliegen. Wie ist nun aber damit zu reimen, dass gerade er an diese Entwicklung die Zukunft unserer Nation anknüpfen möchte, dass er mit seinem Glauben an das Sichtbarwerden der sittlichen Weltordnung auf Erden nicht fürchtet, der Fluch der bösen That müsse auch das auf solcher Grundlage erwachsene kleindeutsche Reich vergiften? Vielleicht dass er es vorzieht, hier nicht aus der Ursache auf die Wirkung, sondern lieber aus der Wirkung auf die Ursache zu schliessen; es genügt ja ein Hinweis auf die sittliche Weltordnung und die ewigen Gesetze der Kausalität, um zu erweisen, dass Thatsachen nicht unsittliche sein können, welche so segensreichen Erfolg, wie die vom Gegner nicht blos erhoffte, sondern mit prophetischem Blicke als unabwendbar verkündete Vollendung des kleindeutschen Kaiserreichs gehabt haben. Aber wo bleiben dann wieder die sittlichen Grundaxiome, gültig für alle Zeiten, wie die Grundgesetze der Logik? Es ist nicht mein Masstab, den ich hier in Anwendung gebracht habe. Das Vorgehen König Friederichs nach unveränderlichen sittlichen Prinzipien als unsittlich zu bezeichnen, würde auch ich keinen Anstand nehmen; aber ich wüsste nicht, wie mir das massgebend sein sollte für den Werth des Werkes, das er geschaffen. Da würde ich einfach fragen, ob es vorwiegend fördernd auf das Gedeihen der Nation eingewirkt hat oder doch wenigstens für die Zukunft fördernde Einwirkung mit einiger Sicherheit erwarten lässt. Würde ich mich je überzeugen, dass nur in der Vollendung jener Entwicklung, in einem preussischen Kleindeutschland die langgehegten gerechten Wünsche der Nation ihre Befriedigung finden könnten, so würde mich gewiss mein Urtheil über den sittlichen Werth der Ausgangspunkte nicht abhalten, mit gleicher Inbrunst, wie der Gegner, dem erwünschten Ziele zuzustreben. Wir haben oft genug zu leiden unter den übeln Folgen der bestgemeinten und sittlich tadellosesten Handlungen unserer Herrscher; unser Gewissen dürfte sich auch nicht beschwert fühlen, wenn trotz der sittlichen Weltordnung einmal das Umgekehrte der Fall wäre.

Aber ebenso möchte ich es freilich nun auch für frühere Jahrhunderte gehalten wissen. Man lege immerhin an das Thun unserer Kaiser den sittlichen Massstab, mache aber von dem Ergebnisse nicht die Beantwortung der Frage nach dem Werthe ihres Werkes, des deutschen Kaiserreiches, abhängig; man verurtheile immerhin das Streben der Habsburger über Länder verschiedenster Zunge zu herrschen, stelle aber desshalb nicht in Abrede, dass der Erfolg dieses Strebens für die Sicherung Deutschlands doch ein sehr erspriesslicher gewesen sein könne.

Für solche Fragen können unzweifelhaft die sittlichen Prinzipien ganz ausser Rechnung bleiben. Anders freilich, wenn man der Forderung der Verarbeitung der Geschichte nach sittlichen

Prinzipien in der Tragweite, wie sie sich aus den Erläuterungen
des Gegners ergibt, zustimmen will. Aber wenn dadurch nicht
der allerwillkürlichsten Geschichtskonstruktion Thür und Thor
geöffnet sein soll, wenn dadurch nicht meine früheren Einwände
gegen den Satz von der höchsten Funktion des Historikers einen
Beleg erhalten sollen, wie ich ihn schlagender gar nicht wünschen
kann, so bleibt mir nichts übrig, als mich stumm vor einem
Spruche zu beugen, dessen Vereinbarlichkeit mit den bescheidensten Forderungen unbefangener Geschichtsbehandlung mir jetzt
noch ungleich räthselhafter erscheint, als zuvor.

Jeder Unbefangene mag nun selbst ermessen, ob der Gegner
es mir zum Vorwurfe machen durfte, wenn ich annahm, dass er
nicht allein an eine Nutzanwendung auf moderne Streitfragen
gedacht, sondern auch bei der Behandlung der Geschichte von
bereits fertigen Ansichten ausgegangen sei. Ist das in der Festrede, wie er jetzt versichert, nicht der Fall gewesen, so ist das
seine Sache; er wird zugeben müssen, dass wenigstens der Schein
durchaus gegen ihn war, dass ich lediglich annahm, er sei selbst
den Grundsätzen gefolgt, welche er für die Bildung des historischen
Urtheils als massgebend aufstellte. Wenn der Gegner die eigene
Theorie in der Praxis bei Seite stellt, so ist das eben eine Eigenthümlichkeit, welche sich beim besten Willen nicht errathen lässt.
Und es ist gewiss recht gut, dass er für den jetzt vorliegenden
Fall von vornherein ausdrücklich bemerkt, er sei nur von den
historischen Thatsachen ausgegangen; denn wer nur nach dem
Scheine urtheilen kann, würde doch gar leicht auf die Vermuthung
gerathen, die Verarbeitung nach politischen und sittlichen Prinzipien habe hier sehr massgebend eingewirkt.

Wenden wir uns zur Schrift des Gegners selbst. Der wesentliche Gedankengang derselben lag bereits früher in der Festrede vor, dann für spätere Abschnitte in den einleitenden Betrachtungen zum zweiten Buche der Geschichte der Revolutionszeit; er ist hier ergänzt und weiter ausgeführt. War mir so die Ansicht des Gegners und ihre allgemeinere Begründung bereits bekannt, als ich meine Vorlesungen schrieb, so wird er selbst kaum erwartet haben, dass die weitere Ausführung meine Ansichten wesentlich modifiziren würde. Er verzichtet ja auch selbst darauf, wie er S. XI sagt, allen Windungen meiner oft mühsamen und verwickelten Schilderung zu folgen; viele Punkte, welche mir von entscheidender Wichtigkeit schienen, werden gar nicht oder nur obenhin berührt, wie denn überhaupt der Grundanlage nach die früheren Theile mehr gegen Giesebrecht gerichtet erscheinen, welcher eben der Natur seines Werkes nach das Wollen und Thun der einzelnen Kaiser zu beurtheilen hatte, mit welchem meine Schrift sich wenig beschäftigt. Auch bei v. Sybel sind es die Personen unserer Herrscher, welche ganz in den Vordergrund treten, deren Streben nach Weltherrschaft verurtheilt wird, wie auch ich das nirgends vertheidigt habe. Das Kaiserreich aber, für welches ich eintrete, welches ich scheide von den masslosen Zielen der Kaiserpolitik, ist als fassbare, in die Erörterung einzuziehende Grösse für ihn gar nicht vorhanden. So erklärt es sich, wenn er nur mehr gelegentlich auf meine Schrift Bezug nimmt, auch dann in der Regel meine Ansichten mehr zurückweist, als widerlegt.

Unter solchen Verhältnissen würde es kaum einen Zweck

haben, der Erörterung des Gegners in allen Einzelnheiten zu folgen. Ich könnte da auf Vieles hinweisen, was, wie in einer Schrift v. Sybels nicht anders zu erwarten war, trefflich gedacht und gesagt ist, wovon jeder gern Kenntniss nehmen wird, mag er der Grundauffassung auch noch so fern stehen. Freilich auch auf Vieles, was der genügenden Begründung gar sehr zu entbehren scheint, was, auch abgesehen von der Auffassung, sich den Thatsachen selbst gegenüber nicht haltbar erweist, die nöthige Genauigkeit durchaus vermissen lässt. Spricht er in der Vorrede den Wunsch aus, dass das, was er erzähle, Allen als altbekannt und längst bewiesen erscheinen möge, so scheint es mir, dass er doch oft mit zu grosser Zuversicht auf die Erfüllung dieses Wunsches gerechnet, zu sehr sich bei dem Gedanken beruhigt habe, dass das, was er erzähle, für den Leser weiterer Beweise nicht bedürfe. Es ist wahr, es treten hier manche altbekannte Ansichten auf; und darunter auch wohl solche, welche man mit einigem Fug sogar als veraltete bezeichnen könnte. Aber der Gegner bringt doch auch manches ganz Neue, von allen bisherigen Auffassungen Abweichende; und da wird der Wunsch oft recht nahe gelegt, dass er nicht auch das zu dem Längstbewiesenen gerechnet haben möchte.

Auch nur ein Eingehen auf alle die Einzelheiten, bei welchen Stellen meiner Arbeit ausdrücklich oder doch thatsächlich bekämpft werden, würde für den Beweis der Richtigkeit meiner Hauptauffassung von geringem Nutzen sein; habe ich in dieser Recht, so werden sich Nebenfragen damit von selbst erledigen, oder ohne Schaden für die Sache selbst unerledigt bleiben dürfen. Soll die Wiederaufnahme der Erörterung mehr der Förderung der Sache selbst dienen, als dem vorwiegend persönlichen Interesse einer Rechtfertigung aller und jeder angegriffenen Aeusserungen, so wird es sich vor allem empfehlen, dieselbe möglichst auf den Kernpunkt der Frage zu beschränken, mit dessen Entscheidung in dieser oder jener Richtung auch meine oder des Gegners Gesammtauffassung wesentlich stehen oder fallen muss. Könnte ich selbst noch irgend zweifeln, wo dieser Kernpunkt zu suchen sei, so würde das Benehmen des Gegners mir den letzten

Zweifel benehmen. Wo man fühlt, dass Gegengründe, und zwar triftige Gegengründe nöthig seien, ohne über dieselben in gewünschter Weise verfügen zu können, da wird allerdings demjenigen, der einmal von seiner Ansicht nichts nachgeben will, die Versuchung sehr nahe treten, jenen Mangel durch um so grössere Bestimmtheit der Behauptungen, durch abfertigende Machtsprüche, durch ungerechtfertigte Insinuationen einigermassen zu verdecken. Zumal wenn man in der angenehmen Lage ist, annehmen zu dürfen, dass für eine grosse Zahl von Lesern der blosse Name des Verfassers jeder Behauptung auch ohne weitere Begründung hinreichendes Gewicht verleihen werde. Wenn der Gegner S. 35 erklärt, meine Annahme sei ihm völlig unverständlich, „es wäre Missbrauch der Sprache, hierüber Erörterung zu pflegen; man kann einem Manne nicht beweisen, dass es Tag ist, wenn er die Augen zudrückt und dann behauptet, er sei dunkel;" wenn er S. 69.-71 von Voraussetzungen spricht, bezüglich deren es keiner Bemerkung bedürfe, dass sie lediglich in meiner Einbildung existirten; von dem reinen Widerspruche, welcher gleich geheimnissvoll für Weise, wie für Thoren; von ungesunden Einbildungen, für welche die Wissenschaft sich glücklicherweise nicht interessiren werde; wenn er es für nöthig hält, sogar den höchsten Trumpf auszuspielen und zu insinuiren, meine Auffassung sei nur aus Begeisterung für die päpstliche Weltherrschaft entsprungen, sei nur, wie andere das nennen, ein Produkt ultramontanen Eifers: — so sind diese und ähnliche Wendungen zwar nicht gerade schmeichelhaft für mich, aber nichtsdestoweniger für meine Zwecke recht werthvoll. Sie scheinen doch einen zu deutlichen Fingerzeig zu geben, dass gerade hier, so zuversichtlich der Gegner S. XIV seine Auffassung auch als hieb- und stichfest bezeichnet, irgend etwas in der Sache selbst liegen muss, was das Aufführen schweren Geschützes, nicht gerade von Gründen, aber doch von Behauptungen nöthig macht. Und wenn der Gegner eben hier S. 71 frohlockend bekennt, der letzte etwa vorhandene Zweifel an der Richtigkeit seiner Auffassung hätte schwinden müssen, nachdem er mich auf solche Auskunftsmittel reduzirt gesehen habe: so bin ich unartig genug, darin zunächst eine Kriegslist zu sehen und um so bestimmter anzunehmen, ich dürfte gerade hier eine schwache Seite der Aufstellung des Gegners getroffen haben. Er wird es mir demnach nicht verdenken können, wenn ich vor seinen Behauptungen den Platz nicht räume, sondern mich eben hier nochmals zum Kampfe stelle, nicht etwa, um die Wucht der Redensarten zu überbieten, sondern um die Sache mit möglichster Gelassenheit zu erörtern.

Was den Eifer des Gegners erregt, ist meine Behauptung, dass man mit ihm über die weltbeherrschenden Tendenzen des mittelalterlichen Kaiserthums sehr wohl den Stab brechen könne, ohne dass damit zugleich das deutsche Kaiserreich getroffen werde, weil dieses eine festbegränzte, auf durchaus gesunden Grundlagen beruhende staatliche Gestaltung gewesen sei; dass nicht das Bestehen dieser, sondern der Umstand, dass die Kaiserpolitik in Sizilien eine vom Kaiserreiche ganz unabhängige Basis gewann, den Verfall des Kaiserreiches und mit ihm des deutschen Königreiches verschuldete. Die Berechtigung zu solcher Unterscheidung bestreitet v. Sybel; die von Anfang bis zu Ende sich selbst gleiche Kaiserpolitik ist ihm allein das Massgebende.

Es wird nun doch kaum eines Beweises bedürfen, dass das Streben der Herrscher nicht nothwendig für ihr reales Machtgebiet bestimmend sein müsse. Es ist damit zunächst nur ein einziger Faktor für die Bildung des Staatsgebietes gegeben und zwar ein solcher, welcher auch dann in der Regel auf möglichste Ausdehnung desselben hinwirken wird, wenn ein bestimmterer Rechtsanspruch, wie ihn der Kaisertitel bot, ganz fehlt. Wie weit sich diese ausdehnende Tendenz thatsächlich geltend machen kann, wird eben davon abhängen, in wie weit andere Faktoren sie fördern oder hemmen; es wird davon abhängen, ob die Beherrschten, auf deren Unterstützung der Herrscher hingewiesen ist, geneigt sind, auf sein Streben einzugehen, ob die innere Gestaltung seines Staates ihm genügende Machtmittel zu Gebote stellt; es wird insbesondere davon abhängen, ob dieses Streben nach aussen auf Widerstand stösst oder der genügende Gegendruck fehlt.

Sind alle diese Faktoren der ausdehnenden Tendenz günstig,

so kann sich daraus allerdings für lange Zeit ein Zustand ergeben, in welchem der Staat nicht als etwas Fertiges, Abgeschlossenes, sondern in stetigem Wachsen Begriffenes erscheint. Das altrömische Reich, das Kalifat, Russland, die vereinigten Staaten, Englands ostindisches Reich geben Beispiele. Sind Herrscher und Beherrschte wesentlich von derselben erobernden Tendenz beseelt, so fällt nur der äussere Gegendruck ins Gewicht; ist dieser zwar vorhanden, aber nicht an allen Stellen oder zu allen Zeiten in genügender Stärke, so wird sich daraus ein Zustand zwar langsamer, aber doch stätig fortschreitender Ausdehnung ergeben, wie derselbe für Frankreich von dem Augenblicke an eintrat, wo der hemmende Gegendruck des deutschen Kaiserreichs erlahmte; wenige Franzosen dürften geneigt sein, ihr Reich in seinem gegenwärtigen Bestande als abgeschlossen zu betrachten.

In den Zeiten der Gründung wird jedes Staatswesen mehr oder weniger das Bild des Unabgeschlossenen bieten. Aber im Laufe der Zeit wird sich doch auch herausstellen können, dass im gegebenen Falle jene Faktoren in einem Wechselverhältnisse zu einander stehen, welches der nach Ausdehnung strebenden Tendenz im Staate überhaupt, oder wenigstens nach bestimmten Seiten hin ihre feste Gränze setzt. Hat eine längere Geschichte einmal ergeben, dass alle Versuche, eine gewisse Gränze zu überschreiten, misslingen, aber die Kräfte auch vollständig ausreichen, diese zu behaupten, so wird ein Zustand der Abgeschlossenheit eintreten, welcher Jahrhunderte ohne irgend wesentliche Schwankungen fortdauern mag, wenn eben jenes Gleichgewicht der Kräfte nicht gestört wird. Wir wissen, wie lange die englischen Versuche, sich auf dem Kontinente zu behaupten, fortgesetzt wurden; wie um so bestimmter aber auch schliesslich das Fruchtlose dieses Bestrebens sich herausstellte. Wer würde nur daran denken, dass ein englischer Herrscher, wenn er etwa auch noch jetzt, wie das so lange der Fall war, den Titel eines französischen Königs führte, wenn er von weltbeherrschenden Plänen erfüllt wäre, welche denen unserer weitstrebendsten Kaiser nichts nachgäben, solche Versuche noch wiederholen sollte? Wer wird nicht umgekehrt überzeugt sein, dass ohne völlige Umgestaltung aller Machtverhältnisse die Verbindung Schottlands und Irlands mit England als eine unlösliche erscheinen muss, dass auf Jahrhunderte des Schwankens Jahrhunderte folgen, in welchen das vereinigte Grossbrittanien uns als ein nach allen Seiten fest abgeschlossenes Reich erscheinen muss? Lange hat es gedauert, bis die Pyrenäen zur festen Gränze wurden; nachdem sie es einmal geworden, wird niemand anstehen, in ihnen eine vielleicht für lange Jahrhunderte nicht zu überschreitende Schranke für Eroberungsgelüste von hüben und drüben zu sehen. Man wird etwa einwenden, dass da schliesslich nur scharf markirte Naturgränzen den Ausschlag gegeben haben. Es mag das sein; und ich möchte diese auch am wenigsten von den hier massgebenden Faktoren ausschliessen. Aber sie können fehlen, und doch ein ganz entsprechendes Verhältniss sich herausstellen. Es mochte lange dauern, ehe Spanien die Aussicht aufgab, die gesammten Niederlande zu behaupten, ehe die nördlichen Provinzen der Hoffnung entsagten, auch den Süden in die neue Entwicklung einzuziehen, und wie bestimmt hat sich trotz dieses beiderseitigen Strebens hier schliesslich doch die von beiden Parteien nicht zu überschreitende Gränze festgestellt, eine Gränze, welche ohne von der Natur gezogen zu sein, ohne einen Gegensatz der Nationalität, dennoch bis auf unsere Tage für die politische Gestaltung massgebend geblieben ist. Als in den Türkenkriegen einmal der Wendepunkt eingetreten war, schien ein andauerndes Anwachsen des österreichischen Machtgebietes nach dieser Seite eintreten zu müssen; und doch ist die Gränze schon seit mehr als einem Jahrhunderte in Folge des Zusammenwirkens leicht nachweisbarer Faktoren keinen Schwankungen mehr unterworfen.

Mag demnach im Kaiserreiche der eine Faktor, die immer gleiche Kaiserpolitik, stetig auf Ausdehnung der Herrschaft hingedrängt haben: von vornherein ist damit noch keineswegs erwiesen, dass nicht trotzdem andere Kräfte ein genügendes Gegengewicht herstellten, dass nicht trotzdem im Laufe der Zeit sich mit dem Kaiserreiche die Anschauung einer festgeschlossenen Staatsgestaltung aufs bestimmteste verband. Und lässt sich auch nachweisen, dass für diese und jene Zeit das Machtgebiet des Kaisers wirklich als kein geschlossenes betrachtet werden kann, dass einer fortschreitenden Erweiterung desselben nichts im Wege stand, so ist damit gleichwohl für unsere Frage noch nichts entschieden. Es ist eine gar lange Zeit von nahezu zwei Jahrtausenden, welche die Reihe der römischen Imperatoren erfüllt, eine Reihe, welche die Anschauungen des Mittelalters als eine einheitliche und ununterbrochene fassen, so verschieden auch Mittelpunkt, Ausdehnung und Charakter der Herrschaft sein mochten, welche in verschiedenen Zeiten dem immer gleichen Titel entsprach. Und so wenig wir das Reich jenes Philippus Arabs, als dessen Nachfolger sich Philipp von Schwaben den zweiten Philipp nennt, oder das Reich jener byzantinischen Imperatoren, welche spätere deutsche Kaiser anstandslos als ihre Vorgänger bezeichnen, dem deutschen Kaiserreiche gleichsetzen werden, so wenig wird doch auch von vornherein feststehen können, dass wenigstens in der engeren Abgränzung des christlich-abendländischen Kaiserthums der Einheit des Titels auch ein wesentlich gleicher Charakter des kaiserlichen Machtgebietes entsprochen habe. Nicht das christliche Kaiserreich schlechtweg habe ich vertheidigt, sondern das deutsche Kaiserreich, die besondere Gestaltung, welche jenes in den Tagen der Grösse unserer Nation gewann, welche wesentlich durch die Kraft unserer Nation gegründet und erhalten wurde. Ob wir dieses trotz der Einheit des Titels und der sich daran knüpfenden weltbeherrschenden Tendenzen mit Fug von früheren und späteren Gestaltungen unterscheiden dürfen, ob dieses trotz seines Hinausgreifens über das Nationalreich den Charakter eines festgeschlossenen Machtgebietes gewann, ob es in der so gewonnenen Abgränzung die Bedingungen gedeihlicher Weiterentwicklung in sich trug oder der Verfall ohnehin schon eingetreten war, als die spätern Staufer jene Schranken überschritten: das sind die Fragen, zu deren Wiederaufnahme die abweisenden Behauptungen des Gegners mich bestimmen.

Gehen wir von dem karolingischen Kaiserreiche aus, so entsprach dieses nicht blos seinen Ansprüchen, sondern auch seinem thatsächlichen Bestande nach nahezu der Ausdehnung des alten weströmischen Reiches, der lateinischen Kirche; bei seinem Fortbestehen war allerdings nicht blos der Tendenz nach, sondern auch thatsächlich die Möglichkeit und Wahrscheinlichkeit einer fortschreitenden Erweiterung geboten, von der sich schwer absehen liess, wo sie endlich ihre Gränze gefunden haben würde. Von einer Erörterung der Frage, ob die Begründung eines solchen Reiches gerade damals einem wirklichen Bedürfnisse entsprach, können wir absehen.[1] Denn ich stimme mit dem Gegner vollkommen darin überein, dass das Fortbestehen dieser Reichsgestaltung weder überhaupt, noch für die deutsche Nation insbesondere wünschenswerth gewesen sein würde. Einmal wegen der Einförmigkeit seiner inneren Gestaltung, welche eine freie Entwicklung der Eigenart der verschiedenen Stämme und Völker ausgeschlossen hätte. Dann weil es, obwohl selbst ohne bestimmt ausgesprochenes nationales Gepräge, doch in grosser Ueberzahl Romanen umfasste, die Deutschen nur eine Minderzahl bildeten, demnach, wie v. Sybel S. 6 sehr richtig bemerkt, für die Erhaltung deutschen Wesens bei Fortdauer seiner Einheit geringere Bürgschaft geboten war, als in dem früheren Frankenreiche.

Karls Kaiserreich zerfiel; das Prinzip des fränkischen Königthums behielt die Oberhand, das Abendland löste sich in eine Reihe von Königreichen, und innere Anarchie und äussere Be-

---

[1] Wenn v. S. das S. 8 läugnet, weil ja die fränkische Macht unter Karl Martell den äusseren Aufgaben vollkommen genügt habe, so vergisst er auf den ganz ausschlaggebenden Umstand, dass damals nur zufällig die fränkische Macht geeinigt war, dass das theilbare fränkische Königthum nach dieser Seite gar keine Bürgschaft bot, wie er selbst S. 7 andeutet, während das Prinzip der Untheilbarkeit sich zunächst nur an das Kaiserthum anschliesst. — Wenn er S. 8 darauf hinweist, dass ich S. 23 zugebe, dass die Auflösung des Kalifats das Bedürfniss universaler christlicher Staatenbildung weniger nahe legte, und meint, dass dadurch meine vorhergehende Erörterung bedeutungslos werde, so hätte er S. 19 und 66 bestimmter lesen können, wesshalb ich dennoch dieses Moment in Rechnung bringe.

drängung waren die Folge. Da ist mir nun völlig unbegreiflich,
wie der Gegner S. 22 darin einfach die Früchte der politischen
Schöpfung Karls sieht, und meint, man sollte denken, dass durch
diese erschütternde Welttragödie der Kaisergedanke Karls des
Grossen vollständig und für immer gerichtet gewesen sei. Ich
denke, wir haben es hier einfach mit den Früchten des siegenden
fränkischen Theilungsprinzipes zu thun, des geraden Gegensatzes
des Kaisergedankens; ich vermisse in den Andeutungen des Verfassers jeden ausreichenden Grund, welcher glaublich machen
könnte, ohne das Zwischenspiel des Kaiserreichs würden sich in
Folge der Theilungen nicht ebenso rasch und so durchgreifend
innere Zerrüttung und äussere Schwäche der Karolingerreiche
eingestellt haben. Ein erster Versuch, das Grundübel des fränkischen Staatswesens im Anschlusse an den Kaisergedanken zu
beseitigen, misslang. Ist dieser Gedanke nun verantwortlich zu
machen für einen Zustand, welcher eine Folge der von ihm bekämpften Ursache war, welcher sich vorher, wie nachher, in der
kaiserlosen Zeit der Merovinger so gut, wie in der der Karolinger
ergab? Ich denke, weit entfernt, dass der Zustand der späteren
Karolingerreiche den Kaisergedanken verurtheilte, musste er fast
nothwendig auf diesen zurückführen, da die Anschauung grösserer
staatlicher Einigung, wie sie unzweifelhaftes Bedürfniss war, nun
einmal in der damaligen Zeit gerade mit jenem Gedanken aufs
engste verwachsen war. Nur freilich konnte jenes erste Misslingen zeigen, was zu vermeiden war, wenn das Zurückgreifen auf
jenen Gedanken nicht zu abermaligem Misslingen führen sollte.

Ist in den grossen historischen Kämpfen, wie der Gegner
S. 22 meint, der Erfolg der höchste Richter, so mag man das
zugeben, so lange es sich nicht um den sittlichen, sondern um
den politischen Werth der Handlungen handelt. Aber dann ist
doch nur um so mehr zu beachten, dass Ottos Werk Bestand
hatte, dass das deutsche Kaiserreich nicht, wie der Bau Karls,
im ersten Menschenalter nach seinem Tode stürzte, nicht im
dritten zu Staub zerrieben war. Bis in das dritte Jahrhundert
hat es bestanden in ungeschwächter Kraft. Eine gewaltige Katastrophe hat es dann wohl innerlich unheilbar zerrüttet, aber den-

noch den äusseren Verband des Reiches nicht gesprengt; seine Wirksamkeit war gemindert und vielfach gelähmt, aber auch so noch für manches Jahrhundert von nicht zu unterschätzender Bedeutung. Seine völlige Entkräftung, seine schliessliche Auflösung fielen zusammen mit einem Zustande des Schwankens aller staatlichen Verhältnisse, wie man ihn früher nicht gekannt hatte, welcher es nur zu sehr fühlen lässt, wie hier eine Lücke zurückblieb, deren Füllung die nationalen wie die allgemeineren Bedürfnisse gebieterisch erheischen; ein Zustand, welcher ebenso, wie die späteren Karlingerzeiten, auf die Nothwendigkeit grösserer Einigung der Mitte des Welttheils mit solcher Bestimmtheit hinweist, dass sogar unser eifriger Gegner des alten Kaiserreichs ihr durch Befürwortung des weitern Bundes glaubt Rechnung tragen zu müssen.

Der Entwicklungsprozess, für welchen bei Karls Schöpfung drei Menschenalter genügten, erfüllt beim deutschen Kaiserreiche fast ein Jahrtausend; ein Alter, wie es von den innerlich kräftigsten staatlichen Gestaltungen der Weltgeschichte nur wenige erreichten. Schon dieser Umstand sollte doch darauf hinweisen, dass bei beiden Schöpfungen, trotz ihres Anlehnens an den Kaisergedanken, trotz der immer gleichen Kaiserpolitik, Gegensätze vorhanden sein müssen, welche dort den raschen Verfall, hier den langen Bestand erklären können. Und diese Gegensätze werden jedem handgreiflich vor Augen liegen; nur freilich darf er dieselben nicht absichtlich schliessen, um in seinem einheitlichen Gedankengange nicht gestört zu werden.

Denn es lässt sich allenfalls läugnen, aber schwerlich widerlegen, dass eben die Eigenschaften des karolingischen Reichs, auf welche wir dessen Zerfall zurückzuführen haben, dem deutschen Reiche vollkommen fehlen. Ob man mit Bewusstsein die Fehlgriffe des früheren Versuches vermied, ob es die Macht der Verhältnisse war, welche in andere Bahnen drängte, ist gleichgültig; beides mag zusammengewirkt haben; für uns ist massgebend nicht die Absicht, sondern der Erfolg. Mochte Otto wirklich von keinem andern Gedanken erfüllt sein, als das christliche Universalreich seines grossen Vorgängers einfach wiederherzustellen, mochte noch mancher seiner Nachfolger gleichen Planen nachstreben, so sind eben nicht sie allein es gewesen, deren blosser Wille das Geschick der Nation und des Welttheils bestimmte. Und haben andere Kräfte den erstrebten Erfolg vereitelt, ihrem Walten engere, aber dafür entsprechendere Gränzen gesetzt, so kann das Urtheil über die Person des Herrschers sich verschieden gestalten, ohne irgendwie massgebend zu sein für den Werth eines Werkes, zu dem ihr Streben den Anstoss gab, ohne seine festere Gestaltung zu bestimmen.

Auf die scharfen Gegensätze zwischen dem deutschen und dem karolingischen Kaiserreiche habe ich früher hingewiesen. Gehen wir noch einmal auf dieselben ein, sehen wir, was der Gegner einzuwenden weiss.

Dem Reiche Karls fehlte der nationale Charakter; in dem deutschen war dieser aufs bestimmteste ausgeprägt. Nicht freilich so, als ob das Reich auf eine Nation beschränkt, oder auch nur zu erwarten gewesen wäre, dass alle Reichsangehörigen jemals zu einer Nation verschmelzen würden.[1] Das neue Reich

---

[1] Dass damals das Bewusstsein eines politischen Berufes der Nationalität, der Gedanke, in ihr vorzugsweise das staatenbildende Prinzip zu sehen, vollständig fehlte, erkennt auch der Gegner S. 25 an. Dagegen kann man, auch ohne alle Einzelnheiten seiner bezüglichen Erörterung zu billigen, gern zugeben, dass ein unbewusst in den Völkern waltender Trieb bereits thätig war. Dieser hat ja auch im Kaiserreiche seinen bestimmtesten Ausdruck gefunden, wenn das deutsche Königreich trotz der Ausdehnung des Kaiserreiches über seine Gränzen seine in sich geschlossene Sonderstellung niemals verlor; für seinen Werth ist die Frage von keiner Bedeutung, da es dem nationalen Prinzipe in seiner innern Gestaltung den weitgreifendsten Einfluss gewährte; bewusst oder unbewusst, das ist da gleichgültig. Keineswegs aber gegenüber unserm Gegner, welcher so sehr den persönlichen Massstab anlegt, den einen Herrscher lobt, den andern verurtheilt, je nachdem der nationale Gedanke die Richtschnur ihres Wirkens zu sein scheint oder nicht. Wenn dieser Gedanke noch fehlt, ist es dann unsittlicher, wenn der deutsche König Otto Italien unterwirft, als wenn der nur von Franken und Sachsen gewählte Heinrich auch Schwaben, Baiern und Lothringer zur Anerkennung zwingt? Nicht im Interesse des Kaiserreichs, wohl aber im Interesse unserer unschuldig gemassregelten Herrscher wird doch zu bemerken sein, dass es sich hier nicht, wie der Gegner S. 26 meint, um einen Streit um Worte handelt, sondern die Richtigkeit seines Massstabes für das Urtheil über die Person damit wesentlich steht oder fällt.

war ein deutsches, weil die Deutschen es gegründet und erhalten haben, weil sie in demselben aufs bestimmteste die Stellung der herrschenden Nation einnahmen. Nur die Deutschen setzten dem Gesammtreiche den Herrscher, welcher selbst ein Deutscher sein musste; nur an den Rath und die Zustimmung der deutschen Fürsten war dieser bei Leitung der Gesammtangelegenheiten gebunden. Das deutsche Königreich war die Basis des Kaiserreichs; von hier aus wurde es beherrscht; nur seine Verfassung erforderte in weitgreifender Weise die persönliche Anwesenheit des Herrschers für die Uebung vieler Hoheitsrechte, welche er jenseits der Alpen durch Vollmachtträger verwalten mochte. Machte Otto III. den Versuch, den Mittelpunkt des Reichs nach Rom zu verlegen, so konnte das völlige Misslingen nur dazu dienen, die Einsicht zu befestigen, dass nicht die Traditionen und die Bildung der Stadt an der Tiber, dass nur die Kraft des deutschen Wesens dem Reiche genügenden Halt zu geben vermochte, dass in dieser Richtung der Wille des Herrschers der Natur der Verhältnisse nicht gewachsen war. Kein Nachfolger hat Aehnliches nur noch versucht, bis der Schimmer des sizilischen Goldes die späteren Staufer verlockte.

So war das Reich gestellt auf die kräftigste, schon zur festesten staatlichen Ordnung gelangte Nation des Abendlandes, ihr für manche Verpflichtungen Ersatz bietend durch eine hoch bevorrechtete Stellung, damit eine Bürgschaft leistend für ihr dauerndes Interesse an der Erhaltung eines Reiches, in welchem sie nicht, wie einst im karolingischen, dem überall gleichen Drucke der Herrschaft unterlag, in welchem der grössern Aufgabe auch der grössere Vorzug entsprach; in welchem vor allem die herrschende Stellung jede Gefahr einer Beeinträchtigung der nationalen Sonderinteressen ausschloss.

Für den Gegner ist dieser Gegensatz nicht vorhanden oder er legt ihm keinen Werth bei; er vergisst nicht, unter den Mängeln des Kaiserreiches unter Karl dem Grossen S. 6 auch den aufzuführen, dass das deutsche Element in ihm nicht mehr das Uebergewicht gehabt habe; er bemerkt S. 95 sehr richtig, dass die Herrschaft K. Friedrichs II., wenn er gesiegt hätte, eher alles andere, sizilisch, italisch, sarazenisch, nur nicht deutsch gewesen sein würde; dass aber die seiner Vorgänger eine ausgeprägt deutsche war ist natürlich da gleichgültig, wo es sich nur um die immer sich selbst gleiche Kaiserpolitik handelt. Ungleich gewichtiger tritt ein zweiter Gegensatz hervor. Das karolingische Kaiserthum ist in seiner innern Gestaltung vom romanischen Staatsgedanken beherrscht, sucht alles ein und derselben staatlichen Regel zu unterwerfen, weiss der Eigenart der Stämme und Völker nicht gerecht zu werden; wie ich, sieht auch der Gegner darin den Hauptgrund seines raschen Verfalles. Wie aber das deutsche Königreich sich gefügt hatte aus seinen Stämmen nach den Anschauungen germanischen Staatswesens, welches nur im Unerlässlichen die Einheit erstrebt, im Uebrigen der freien Sonderentwicklung der engeren Kreise nicht hemmend entgegentritt, so ist auch das deutsche Kaiserreich von diesen Anschauungen durchdrungen. (Vgl. Vorl. S. 54. 62.) Es fehlt ihm jede Tendenz, die verschieden gearteten Theile zu assimiliren; die inneren staatlichen Verhältnisse Italiens, Burgunds wurden nicht dadurch geändert, dass der deutsche König auch ihr König wurde; er trat einfach in die Stellung der früheren einheimischen Herrscher ein; in vielen der wichtigsten Beziehungen würden wir das Verhältniss nur als das einer Personalunion bezeichnen können. Und nicht blos im Beginne war das so; auch die weitere Entwicklung erfolgte selbst in so wichtigen, das ganze Staatsleben ergreifenden und mehr wie andere auf möglichste Gleichförmigkeit gerichteten Verhältnissen, wie es das Lehnwesen war, ganz auf Grundlage der Zustände, wie der Beginn der deutschen Herrschaft sie vorfand. Wenn noch Jahrhunderte später die feudalen Satzungen Deutschlands und Frankreichs sich vielfach nahe treten, während Italien sein eigenthümliches System entwickelt hat; wenn wieder der Lehnsbrauch auch des deutschen Lothringen sich enger dem französischen, als dem der andern deutschen Stämme anschliesst: so dürfte solche Weiterbildung eines Instituts, welches nicht, wie die Gegensätze des Landrechts, sich an die früheste Gestaltung germanischen Lebens anschliesst, welches bei Gründung des deutschen Kaiserreichs kaum die ersten Stadien zur spätern vollen

Entwicklung durchlaufen hatte, doch besonders bestimmt hervortreten lassen, wie wenig auch im Laufe der Zeit die äussere Einheit des Kaiserreichs die Sonderentwicklung der einzelnen Theile behinderte.

Gerade auf die Gestaltung des Kaiserreichs in dieser Richtung glaubte ich für die Würdigung desselben das grösste Gewicht legen zu müssen; niemand wird läugnen, dass das ein Punkt von ganz ausschlaggebender Bedeutung ist, dass er den Anklagen die Spitze abbricht, welche vom Standpunkte eines so oder so formulirten Nationalitätsprinzipes gegen das Kaiserreich erhoben werden.

Auch der Gegner scheint zu fühlen, dass er den Punkt berühren müsse; wenn er aber S. 36 glaubt, sein Gewicht einfach durch die Bemerkung beseitigen zu können, dass, wie früher Karls, so auch Ottos Walten sich in zentralisirender Richtung bewegt habe, so kann ich mir doch kaum denken, dass ihm selbst dieses sein Argument genügt habe. Denn einmal rede ich nicht von Otto, sondern vom deutschen Kaiserreiche; und hätte Otto wirklich in dieser Richtung nichts anderes im Sinne gehabt, als einst Karl, so würde nicht das hier entscheidend sein, sondern der Umstand, dass im Karolingerreiche wirklich eine zentralisirte Staatsordnung so weit durchgeführt wurde, als das in der Zeit seines Bestehens nur irgend möglich war, dass der Charakter des deutschen Reiches dagegen ebenso bestimmt jede staatliche Eigenthümlichkeit schonte; mag das nun der Absicht der Herrscher entsprochen haben, mag die überlegene Macht der Verhältnisse wider ihren Willen dazu geführt haben.

Und wie wird nur für Otto persönlich ein solches Streben begründet? „Dass sein ganzes Walten sich in zentralisirender Richtung bewegte, hat er vom ersten bis zum letzten Tage gezeigt. Das Reich, die Nebenlande, die Eroberungen zusammen zu halten durch den überall gleichartigen kirchlichen Einfluss, durch das überall sich selbst gleiche Bisthum, das ist der herrschende Gedanke seiner Politik in Deutschland, wie in Slavien und Dänemark, in den italischen Provinzen, wie in den lothringischen und französischen Beziehungen." Ganz richtig; Otto und seine Nachfolger haben sich einer einheitlichen Gewalt, welche sie nicht schufen, sondern vorfanden, welche auch ohne den gemeinsamen Herrscher in allen Ländern einheitlich gestaltet gewesen wäre, bedient, um ihre Herrschaft aufrecht zu erhalten. Aber seit wann ist denn Aufrechthaltung der Herrschaft gleichbedeutend mit Zentralisation, mit Beseitigung der Eigenthümlichkeiten im Staatsleben? wo hat denn das einheitliche Bisthum den Zwecken staatlicher Uniformirung dienen müssen? wo ist eine solche denn überhaupt durchgeführt? Der Gegner versucht es nirgends, dafür den Beweis zu führen, meine Angaben zu bestreiten. Und er dürfte daran wohl gethan haben gegenüber einer Mannichfaltigkeit der innern Entwicklung, welche ihm, wollte er sich herbeilassen, sie neben der überall gleichen Kaiserpolitik ein wenig zu beachten, zeigen würde, dass sogar das überall sich selbst gleiche Bisthum in seinen weltlichen Beziehungen sich jener Mannichfaltigkeit keineswegs zu entziehen wusste, dass in den einzelnen Reichstheilen seine Stellung zu den weltlichen Gewalten eine sehr verschiedene war. Wenn der Gegner fortfährt: „was also von Besonderheit und Mannichfaltigkeit sich erhalten hat, ist nicht in Folge, sondern trotz des innern Systems des Kaiserreichs geblieben", so ist das ein Schluss, welchen weder die Thatsachen, noch seine Prämissen rechtfertigen. Diese dürften gerade umgekehrt den Schluss überaus nahe legen: weil das Kaiserthum in seinem Einflusse auf das bereits einheitlich gestaltete Bisthum eine genügende Stütze zur Aufrechthaltung seiner Herrschaft fand, war es ihm möglich, ohne den Bestand dieser zu gefährden, jeder staatlichen Besonderheit und Mannichfaltigkeit den ausgedehntesten Raum für freie Entwicklung zu gewähren.

Es wäre mir ganz begreiflich gewesen, wenn der Gegner auch über diesen für den ganzen Charakter des Kaiserreichs so ausschlaggebenden Punkt stillschweigend hinweggeschritten wäre, wie das ja die Anlage seiner Arbeit gestattete. Ob aber ein solcher Versuch der Widerlegung meiner Ansicht diese wirklich beseitigt, oder ihr eine weitere Stütze verleiht, werde ich unbesorgt dem Urtheile Anderer anheimstellen dürfen.

Nicht anders verhält es sich mit seinen Einwänden gegen
einen dritten von mir hervorgehobenen Punkt, welcher, wie bemerkt, ihn in sichtlichen Eifer bringt und wo demnach seiner
Sache gewiss nur damit hätte gedient sein können, wenn dieser
Eifer sich nicht blos in abweisenden Behauptungen, sondern in
etwas gründlicherer Widerlegung Luft gemacht hätte.
Das karolingische Kaiserreich, wie das alte fränkische Reich
überhaupt, zeigt uns unzweifelhaft den früher besprochenen Charakter
des Unfertigen, Wachsenden; wie seit der Gründung des fränkischen
Reiches Eroberung sich an Eroberung reihte, so würde auch beim
Fortbestehen des einheitlichen Kaiserreiches Karls des Grossen dieses schwerlich so bald eine festere Begränzung erreicht haben; es
war geradezu auf eine dem Vordringen des christlichen Glaubens
entsprechende stetig fortschreitende Erweiterung angelegt, würde
sich unzweifelhaft mehr und mehr vergrössert haben, wie einst
das Reich der Imperatoren. Das deutsche Kaiserreich dagegen
blieb nicht allein von vornherein an Umfang wesentlich hinter
jenem zurück, sondern es zeigt nach kurzer Periode des Wachsens
aufs bestimmteste den Charakter einer abgeschlossenen, festbegränzten Gestaltung.

Was weiss nun dagegen der Gegner S. 34 vorzubringen?
Otto I. habe sein ganzes Leben an die Durchführung weltumfassender Pläne gesetzt; keiner seiner Nachfolger bis in das
dreizehnte Jahrhundert, ohne irgend eine Ausnahme, habe irgend
einen dieser Ansprüche anders als im Falle des Zwanges durch
Waffengewalt aufgegeben; es sei ihm daher völlig unverständlich,
wie man hier davon reden wolle, dass diese Herrschaft nicht auf
ein Weltreich angelegt gewesen oder dass sie nur gelegentlich
durch den Ehrgeiz eines einzelnen Kaisers über ihre natürlichen
Gränzen hinausgeschritten sei.

Ich könnte mich im Anschlusse an früher Gesagtes wesentlich mit der Gegenbemerkung begnügen, dass ich mich nicht mit
dem Kaiserreiche beschäftigt habe, welches in den Gedanken
K. Ottos und mancher seiner Nachfolger existiren mochte, sondern mit demjenigen, welches sie wirklich beherrschten. Wenn
dieses nach vollendeter Gründung nicht festbegränzt war, so würde

der Gegner uns davon am besten überzeugt haben, wenn er sich herbeigelassen hätte, die allmählige Erweiterung desselben näher nachzuweisen. Nach solchen Angaben suchen wir vergebens; allerdings aus Gründen, deren Schuld nicht den Gegner trifft. Er deutet es ja selbst an; das Weltreich war angelegt; aber der leidige Zwang durch Waffengewalt hat es bestimmte Gränzen nicht überschreiten lassen. So wenig treffend es mir scheint, hier von einem Zwange durch Waffengewalt zu reden, so mag das sein. Aber dann stimmen wir ja ganz überein; ich habe nur behauptet, dass aus dem etwa angelegten Weltreiche thatsächlich das wohl abgegränzte deutsche Kaiserreich geworden sei, nirgends, dass freiwillige Mässigung seiner Herrscher ihm diese Gränzen gezogen habe. Hat etwa Frankreich keine Gränzen, weil wir recht gut wissen, dass nur äusserer Zwang es zur Einhaltung derselben bestimmen kann, ist es desshalb schon ein Weltreich? Und doch finden wir hier wenigstens eine stetig fortschreitende Erweiterung, wie sie beim Kaiserreiche nicht nachzuweisen ist.

Da der Gegner sich einfach an die Absichten unserer Herrscher hält, welche ich nicht bestreite, selbst aber nicht nachzuweisen vermag, dass die von mir behauptete thatsächliche Abgeschlossenheit nicht vorhanden gewesen sei, so könnte mich das einer weitern Erörterung meiner Ansicht überheben. Da diese ihm aber so völlig unverständlich ist, dass er meint, es sei Missbrauch der Sprache, darüber Erörterung zu pflegen, und es allerdings scheint, dass manche das Verständniss wesentlich fördernde Umstände seiner Aufmerksamkeit entgangen sind, so dürfte sich weiterer Missbrauch der Sprache zu diesem Zwecke immerhin entschuldigen lassen.

Nach einer Seite hin, wie ich das schon früher betonte, dauerte es lange, bis das Reich zu fester Begränzung gelangte. Im Osten war es nicht die Kaiserpolitik, sondern der Kulturzustand der Nachbarvölker, welcher die Deutschen auf eroberndes Vordringen hinwies, nicht zur Erweiterung des Kaiserreichs, sondern ihres eigenen nationalen Gebiets. Ein deutscher König hätte hier nicht anders handeln dürfen, als unsere Kaiser, das deutsche Königreich würde hier nicht fester begränzt gewesen sein, als das Kaiserreich. Wir dürfen das um so eher ausser Rechnung lassen, als hier auch der Gegner S. 37 ganz einverstanden ist.

Was in Betracht kommt ist die Erweiterung des deutschen Königreichs zum Kaiserreiche durch die Unterwerfung romanischer Länder. Da handelt es sich nun nicht um eine allmählige, durch Jahrhunderte nicht zum Stillstande gelangende Verschiebung der Gränzen, wie sie sich dort im Osten, wie sie sich beim spätern Frankreich verfolgen lässt. Zwei bedeutende Erfolge unserer Herrscher haben ausgereicht, um den territorialen Bestand des Kaiserreichs zu gewinnen, welcher für seine Ausdehnung immer massgebend geblieben ist: die Erwerbung des Königreichs Italien durch K. Otto I., des Königreichs Burgund durch K. Konrad II.

Da wird nun vor allem zu beachten sein, dass dieser territoriale Bestand des Reichs mit der Kaiserwürde seines Herrschers nichts zu schaffen hatte, dass jene Erwerbungen nicht im mindesten auf den Titel des kaiserlichen Anspruchs auf die Herrschaft der christlichen Welt erfolgten. Italien wurde von einem deutschen Könige unterworfen, welchem diese Unterwerfung erst den Weg zur Kaiserkrone bahnte. Eben so wenig sind meines Wissens bei der Erwerbung Burgunds kaiserliche Ansprüche irgendwie zur Sprache gekommen; sie erfolgte auf Grundlage eines Erbvertrags, welchen ein deutscher König schloss, ehe er die Kaiserkrone trug, welchen sein Nachfolger mit Waffengewalt durchzuführen vermochte. Die reale Uebermacht des deutschen Königthums, nicht die ideale Bedeutung der Kaiserkrone hat hier wie dort den Ausschlag gegeben. Und auch später hat man nicht von dieser den Besitz jener Länder abhängig gemacht; durch Wahl und Krönung zum deutschen Könige wurde auch das Recht auf diese erworben; sollte dieses noch zu besonderm Ausdrucke kommen, so geschah das nicht durch die Kaiserkrönung zu Rom, sondern durch die Königskrönung zu Mailand oder Arles. Das Recht des deutschen Herrschers auf Italien und Burgund hätte nicht weniger festgestanden, wenn er nie die Kaiserwürde erlangt hätte, wenn es den Päbsten möglich gewesen wäre, einen andern, als den deutschen Herrscher, zum Kaiserthume zu berufen; und anstandslos mochte der deutsche König auch vor der Krönung zu Rom seine Herrscherrechte im ganzen Umfange des Kaiserreiches üben. Wenn der Gegner S. 60 sagt, dass die Kaiserkrone den Titel zur Beherrschung Italiens gab, so macht er sich dadurch zum Sachwalter späterer masslos gesteigerter Ansprüche der römischen Kurie, welche das Kaiserreich als Zubehör der Kaiserkrone behandeln wollte, welche zumal darauf nach dem Falle der Staufer ihre Forderung der Reichsverwaltung in Italien bei erledigtem Kaiserthume zu gründen suchte; Ansprüche, welche weder in der geschichtlichen Entstehung, noch in der sich auf Grundlage derselben weiter entwickelnden Verfassung des Reichs irgendwelche Begründung fanden. Ich hatte den Umstand S. 110 berührt; behauptet der Gegner trotzdem bestimmt das Gegentheil, so wäre es mir anderer Zwecke wegen recht erwünscht, ausser der Behauptung auch die Begründung kennen zu lernen. Bis dahin werde ich mir erlauben dürfen, an meiner Ansicht festzuhalten.

Ist das Gebiet des Kaiserreichs dadurch entstanden, dass mit Deutschland zwei Königreiche unter einem Herrscher verbunden wurden, welche nicht erst Eroberungen unserer Herrscher ihre Entstehung verdankten, sondern schon seit langer Zeit als festabgeschlossene Einzelstaaten vorhanden waren, so liegt es auf der Hand, dass auch ihre Vereinigung zu einem Ganzen nirgendwo eine Unsicherheit der Gränze bedingen konnte. Unsere Herrscher traten einfach in die Rechte der früheren Könige von Italien und Burgund ein; was diesen zugestanden hatte, stand auch ihnen zu; nicht mehr, nicht minder. Die damit gewonnenen Gränzen machte ihnen niemand streitig, sie zu vertheidigen, waren die Stände des Reichs verpflichtet; aber niemand gestand ihnen auch ein Recht zu, beliebig über diese Gränzen hinauszugreifen.

Ein solches Recht soll nun die Kaiserkrone begründet haben. Die Bedeutung dieser war zunächst eine kirchliche; sie machte ihren Träger zum Schirmvogte der römischen Kirche, begründete damit einen Einfluss desselben auf die allgemeinen kirchlichen Verhältnisse. Das Gebiet, welches er beherrschte, war davon ganz unabhängig; nur in so weit, als dadurch weltliche Hoheitsrechte des Kaisers im Kirchenstaate bedingt waren, als man demnach in gewisser Weise auch diesen dem Kaiserreiche zurechnen mochte, kann in dieser Richtung von einer territorialen Bedeutung des Kaiserthums die Rede sein.

Es verband sich nun freilich mit der Kaiserkrone auch der Begriff der weltlichen Hoheit über alle Christenheit; es wirkten zumal in den ersten Zeiten die Traditionen vom Weltreiche Karls des Grossen; sein Nachfolger im Kaiserthume mochte Anspruch erheben auf alle von ihm einst beherrschten, auf alle noch weiter für die Christenheit zu erwerbenden Länder. Damit war nun freilich der Gedanke eines schrankenlosen Kaiserreiches gegeben und Otto der Grosse und manche seiner Nachfolger mögen sich in Gedanken an solcher Herrlichkeit weidlich ergötzt haben. Aber nicht der Gedanke interessirt uns hier, sondern seine Ausführung, sein Einfluss auf die Gestaltung des Kaiserreichs.

Nun hätte es doch auch dem Gegner auffallen sollen, dass die einzige wesentliche und haltbare Erweiterung des Kaiserreichs seit den Tagen des ersten Otto, die keineswegs mühelose Erwerbung Burgunds, nicht allein, wie gesagt, ausser Beziehung zum Kaiserthume stand, sondern dass eben jener Konrad II sie ausführte, mit dessen festem und praktischem Wesen die kaiserliche Politik eine scharf ausgeprägte realistische Richtung nimmt, welchem nichts gefällt, als die greifbare und erreichbare Macht, welcher aus dem weihrauchgetrübten Dunstkreise des heiligen römischen Reichs wieder in die scharfe und reine Luft des politischen Königthums getreten ist. Es ist der Gegner selbst, welcher S. 53 mit diesen Ausdrücken den Vollender des deutschen Kaiserreichs feiert: und ist gegen ihre Angemessenheit nichts einzuwenden, so kann das die Nothwendigkeit einer Unterscheidung zwischen dem realen Kaiserreiche und dem ziellosen Kaiserstreben nur um so näher legen.

Was hat nun aber, fragen wir, das Streben unserer im Dunstkreise der Kaiseridee befangenen Herrscher diesem Reiche hinzuzufügen vermocht, ehe dieselbe mit der Erwerbung Siziliens auf eine ganz andere Grundlage gestellt wurde? wo sind die Gebiete des Reichs, für welche der kaiserliche Anspruch auf Weltherrschaft den Besitztitel bildete? Meines Wissens sind solche nicht vorhanden. Die Versuche der Ottonen, in Frankreich festen Fuss zu fassen, mussten aufgegeben werden; nie ist es später auch nur noch zu einem ernsthaften Versuche gekommen, nach dieser Seite hin die Weltherrschaft zur Wahrheit werden zu lassen. Die Weltgeschichte dürfte uns kaum ein zweites Beispiel bieten für eine Gränze, welche ganz Europa von den Mündungen der Schelde bis zu denen der Rhone durchschnitt, welche zumeist nicht durch natürliche Scheidelinien, noch auch durch einen Gegensatz der Nationalität bestimmt war, sondern ihre bei Berücksichtigung solcher dauernden Verhältnisse ganz willkürliche Gestaltung lediglich den politischen Wechselfällen einer früheren Periode verdankte, welche ein schwächeres Königreich von einem übermächtigen Kaiserreiche schied, während Grosse beider Reiche diesseits und jenseits herrschten; und welche dennoch durch lange Jahrhunderte keinerlei Schwankungen unterworfen war, bis eben das Reich, welches die Weltherrschaft vertreten soll, nun nicht endlich diesem seinem Berufe nachkam, sondern sich vor dem Nachbar zurückzog. Die lange schwankenden Verhältnisse Unteritaliens mussten jeden König Italiens, auch wenn er nicht Kaiser war, zum Eingreifen auffordern; aber die mehrfach wiederholten Züge misslangen oder führten doch, wenn sie auch ihre nächsten Zwecke erreichten, zu keiner dauernden Herrschaft. Wo im Norden und Osten festere Staaten sich gestalteten, Dänemark, Polen, Ungarn, da war wohl von zeitweiser Anerkennung der Lehnshoheit die Rede, aber nicht von dauernder Verbindung mit dem Reiche; nur da wurde dieselbe erreicht, wo, wie in Böhmen, schon das Interesse des deutschen Königreichs gebieterisch auf dieselbe hinwies.

Ist es nun reiner Zufall, dass die deutsche Herrschaft in Italien und Burgund, das deutsche Anrecht auf die Kaiserkrone sich als durchaus haltbar erwies, dass aber alle darüber hinausgreifenden Versuche misslangen? Wenn, um mit dem Gegner zu reden, der Erfolg in den grossen historischen Kämpfen der höchste Richter ist, erhalten wir dann hier nicht das bestimmteste Zeugniss, wie weit das Streben nach Ausdehnung der deutschen Herrschaft berechtigt war, wo es innezuhalten hatte? Muss uns nicht eben der Abstand zwischen dem weltbeherrschenden Streben und Titel der Kaiser einerseits und ihren Erfolgen andererseits den Gedanken ganz nahe legen, dass es sich hier nicht blos um die Ziele der idealen Kaiserpolitik handelte; dass hier dauernde, von dem Willen des einzelnen Herrschers ganz unabhängige Verhältnisse wirksam waren, welche ihrem Streben in beschränkterem Kreise den Erfolg sicherten, die darüber hinausgreifenden Versuche misslingen liessen? Wo hier der Gegendruck, welcher das Kaiserreich nicht zum Weltreiche werden liess, zu suchen sei, habe ich S. 87 ff. zu erörtern versucht; ich glaubte weniger Gewicht auf die Widerstandskraft der Nachbarreiche legen zu müssen, als auf die Mässigung der herrschenden Nation, welche dem Kaiser ihre Kräfte für Zwecke zielloser Eroberung nicht zur Verfügung stellte, und auf das Interesse der Kirche, welchem masslose Ausdehnung der Kaisergewalt nicht entsprach. Mag das, mag noch anderes wirksam gewesen sein: das thatsächliche Ergebniss war ein Kaiserreich, von dem niemand bezweifelte, dass es so fest begränzt war, wie irgend ein anderes Reich der Christenheit.

Es ist natürlich, dass das um so bestimmter hervortritt, je mehr die Erfahrungen sich häuften über das, was dem wiederbelebten Kaiserthume erreichbar sei. Zur Zeit des ersten Otto konnte freilich noch niemand wissen, was das Ergebniss seines Strebens sein würde; man mag das Reich der Ottonen noch vorwiegend als die Grundlage einer neuzugründenden kaiserlichen Weltherrschaft betrachtet haben; man würde, wenn es, wie das nach dem Tode Ottos III kurze Zeit scheinen konnte, für immer zusammengebrochen wäre, es immerhin als einen verunglückten Versuch zur Wiederherstellung des Reiches Karls des Grossen bezeichnen können. Aber es ist eben nicht zusammengebrochen; in dem einmal gewonnenen Umfange hat es sich immer wiederhergestellt, aber denselben nicht überschritten; dem Kaiserreiche des eilften und zwölften Jahrhunderts wird man schwerlich mehr den Charakter fester äusserer Gestaltung absprechen können.

Und dieses thatsächliche Verhältniss hat schliesslich in den staatsrechtlichen Anschauungen und dem Sprachgebrauche der Zeit seinen bestimmten Ausdruck gefunden. Ich wies nach, dass der territoriale Bestand des Reichs aus drei unter einem Herrscher vereinigten Königreichen erwuchs, deren König die Kaiserkrone trug, ohne dass sein Länderbesitz irgendwie von dieser abhing. Scharfgenommen konnte demnach von einem Kaiserreiche, auf welches die Kaiserwürde den Anspruch gegeben hätte, so wenig die Rede sein, als wir bis auf den Beginn unseres Jahrhunderts von einem österreichischen Kaiserreiche desshalb sprechen dürfen, weil der Herrscher der österreichischen Lande den Kaisertitel trug. Im eilften Jahrhunderte wird denn auch der Ausdruck Imperium vorzugsweise nur auf die kaiserliche Würde, die kaiserliche Gewalt bezogen; wo es sich um das Gebiet ihrer Herrschaft handelt, bezeichnen auch die gekrönten Kaiser das vorwiegend als ihr Regnum oder ihre Regna. Noch im zwölften Jahrhunderte ist häufig von den Königreichen die Rede. Je weniger schwankend aber der Bestand der kaiserlichen Herrschaft war, je bestimmter sich an denselben die Anschauung eines geschlossenen Gebietes knüpfte, um so näher lag es, dieses als ein einheitliches Reich zu fassen und nach der höchsten Würde des Herrschers als Kaiserreich zu bezeichnen. So begegnet uns denn im zwölften Jahrhunderte schon überall der Ausdruck Imperium in territorialer Bedeutung; im dreizehnten Jahrhunderte ist nur noch vom Kaiserreiche, nicht mehr von den Königreichen die Rede.

Was bezeichnete nun dieses Imperium? Einfach das genau bestimmte Gebiet, zu dessen Beherrschung die Kaiser durch ihre Erhebung zu deutschen Königen berechtigt wurden. An eine Beziehung auf den Anspruch des Kaisers auf Weltherrschaft wurde bei diesem Ausdrucke kaum mehr gedacht. Was er auf andere Titel beherrschte, zählte man nicht zum Kaiserreiche, wie es doch hätte sein müssen, wenn jenes der Fall war. Warum schied man denn, als der Kaiser auch die Königreiche Sizilien und Jerusalem beherrschte, diese aufs bestimmteste vom Imperium? wie konnte man denn Verhandlungen anknüpfen über die Vereinigung Siziliens mit dem Kaiserreiche, wie später ausdrücklich verbriefen, dass es nicht zu demselben gehöre, wenn dieses Imperium nichts anders sein soll, als das von vornherein ganz unbestimmte Gebiet, in welchem es dem jedesmaligen Kaiser gelingt, seine Ansprüche auf Weltherrschaft zur Geltung zu bringen? Die Ansprüche, welche die Kaiser als solche auf Ungarn erhoben, sind uralt; aber niemand zählte es zum Imperium, auch dann nicht, als luxemburgische und habsburgische Kaiser es wirklich beherrschten. So wenig man an ein Recht der Kaiser auf schrankenlose Erweiterung des Reiches noch dachte, so bestimmt nahm man andererseits von Deutschland her bis in die spätesten Zeiten ein Recht auf den ganzen alten Umfang des Kaiserreiches in Anspruch. Auf das Recht auf die althergebrachten Fines imperii verzichtete man nicht einmal da, wo thatsächlich jede Gewaltübung, selbst die blosse Lehnshoheit in Vergessenheit kam, wie in den an Frankreich gekommenen Theilen Burgunds, in den venetianischen Festlandsbesitzungen; wo nicht der westfälische und andere Friedensschlüsse zu vertragsmässigem Verzichte geführt hatten, wollte man vielfach noch später das Recht des Reichs nur als ruhend, nicht als aufgehoben betrachten. Nicht jenes kaiserliche Weltreich, wie es in der Gedankenwelt des Mittelalters existirte, ist für alles das massgebend gewesen; aber die feste Gestaltung, welche das Kaiserreich im eilften Jahrhunderte erlangt hatte, hat so lange nachgewirkt, das Kaiserreich als ein scharf begränztes Herrschaftsgebiet war so fest mit den Anschauungen von vielen Generationen verwachsen, dass man au den alten Gränzen auch da noch festhielt, wo sie den thatsächlichen Machtverhältnissen längst nicht mehr entsprachen.

Diese Ansicht über die feste Begränzung des Kaiserreichs, welche ich auch früher nicht unbegründet hingestellt habe, fertigt der Gegner mit der Behauptung ab, dass es Missbrauch der Sprache sei, darüber Erörterung zu pflegen. Das ist unzweifelhaft sehr bequem. Und wer wird es dem Gegner verdenken können, diesen bequemern Weg eingeschlagen zu haben, wenn er, wie es scheinen muss, vollkommen überzeugt ist, dass seine Behauptungen ohnehin schwerer wiegen, als alle ihnen etwa entgegenstehenden Gründe. Bin ich nicht in der glücklichen Lage, von meinen Gegenbehauptungen dasselbe erwarten zu dürfen, so war ich freilich auf fortgesetzten Missbrauch der Sprache zum Zwecke der Begründung hingewiesen, wenn ich mich nicht etwa begnügen wollte, den Leser auf den ersten besten historischen Atlas zu verweisen, in welchem die Farbe missbraucht ist, um dem deutschen Kaiserreiche recht feste und deutlich erkennbare Gränzen zu geben.

Für dieses Kaiserreich, nicht für jedes masslose Ziel der Kaiserpolitik bin ich eingetreten. Unsere Nation hat ihre besten Kräfte daran gesetzt, es zu gründen und durch Jahrhunderte zu erhalten. Dass sie diese Kräfte einfach vergeudet, dass sie weder der Welt noch sich selbst damit genützt, dass sie in blindem Eifer sich damit nur ihr eigenes Grab gegraben habe, — das anzunehmen dürfte doch niemand sich entschliessen mögen ohne fortgesetzte, allseitigste Erwägung aller ausschlaggebenden Momente; der gesunde Sinn der Nation würde sich fort und fort dagegen sträuben, auch dann sträuben, wenn es der geschichtlichen Wissenschaft augenblicklich nicht gelänge, ihr an der Hand der Thatsachen Gesichtspunkte zu eröffnen, welche eine wesentlich andere Auffassung genügend begründen könnten.

Und solche scheinen mir keineswegs zu fehlen. Fand ich mich früher oft auf sie hingewiesen, auch ohne auf sie auszugehen, so versuchte ich es schliesslich, sie mir bestimmter zu vergegenwärtigen und sie in jenen Vorlesungen darzulegen und zu begründen. Ich glaubte darauf hindeuten zu dürfen, dass die Gründung des Kaiserreichs im allgemeineren Interesse lag, dass sein Bestand den Welttheil gegen grosse Umwälzungen schützte, erst sein Verfall alle staatlichen Verhältnisse in ruheloses Schwanken brachte. Ist nur das richtig, und wäre es auch wahr, dass die Kraft der Nation in Lösung dieser Aufgabe sich verbraucht habe, so kann wenigstens von nutzloser Kraftvergeudung nicht mehr die Rede sein; es sei denn, man sähe sie auch da, wo der Einzelne mit uneigennütziger Hingebung dem gemeinen Wohle dient und der eigene Haushalt darüber in Verfall geräth.

Und was ich und vor mir Andere über die Erspriesslichkeit des
Reichs für die allgemeineren Interessen beigebracht haben, scheint
mir durch die Gegenbemerkungen des Gegners in keiner Weise
widerlegt. Und hier werde ich mich mit der Behauptung ohne
nähere Begründung begnügen dürfen, da ich bereit bin, mit dem
Gegner S. 46 die Frage enger zu begränzen, vor allem als massgebend
für das Urtheil anzuerkennen, ob das Bestehen des Kaiserreichs
das Gedeihen Deutschlands befördert oder zerstört habe.
Gewiss, so schön die Aufopferung für das Allgemeine sein mag,
niemand wird es den Söhnen verargen, welche mit sehr gemischten
Gefühlen der rühmlichen Verdienste des Vaters gedenken,
wenn dieselben durch die Zerrüttung und Zersplitterung des eigenen
Erbtheils erkauft wurden.

Auch diesen Gesichtspunkt habe ich schon früher keineswegs
unberücksichtigt gelassen, ihn eher vorzugsweise betont. Ich
glaubte vor allem S. 124 ff. die Frage aufwerfen zu müssen, was
denn aus uns voraussichtlich geworden sein dürfte, wenn die
Deutschen ihr Kaiserreich nicht gegründet hätten. Ich habe zu
begründen gesucht, dass dann aller Wahrscheinlichkeit nach die
für uns bedrohlichste Nachbarnation, die französische, rasch den
Weg zur Weltherrschaft eingeschlagen haben würde; dass es
nur der Bestand des Kaiserreichs gewesen sei, welcher sie früher
daran hinderte, später wenigstens ihre Fortschritte mannichfach
hemmte; dass die geschichtlichen Thatsachen keinen Anhalt für
den Glauben bieten, ein lediglich auf sich gestelltes deutsches
Nationalreich würde französischem Andrange und französischen
Ränken gegenüber seine Unabhängigkeit behauptet haben.

Der Gegner nimmt davon kaum Notiz. Wohl gibt auch er
S. 37 zu, dass Deutschland ein Interesse daran hatte, Frankreich
nicht zu überlegener Macht kommen zu lassen. Das ist, meine
ich, für lange Jahrhunderte dadurch erreicht worden, dass die
Deutschen durch Begründung ihrer Herrschaft in Lothringen,
Burgund und Italien Frankreich die Gebiete vorwegnahmen, welche
allein ihm zu überlegener Macht verhelfen konnten und später
wirklich verholfen haben. Fragen wir, welchen anderen Weg der
Gegner für zweckentsprechender gehalten hätte, so mag uns etwa

die Bemerkung S. 38 als Anhalt dienen, dass die Schwächung
Frankreichs viel sicherer erreicht worden wäre, wenn die deutschen Kaiser in ehrlicher Bundesgenossenschaft die Konsistenz
des burgundischen Königreichs gestärkt hätten. Also etwa ein
unabhängiges italisches, burgundisches und lothringisches Reich
und für Deutschland in eigenem Interesse die Verpflichtung, die
Unabhängigkeit derselben gegen Frankreich zu schützen? Ich
will darauf nicht näher eingehen; aber glaubt der Gegner wirklich, dass eine solche Verpflichtung nicht in weit höherem Masse
die Kräfte unserer Nation in Anspruch genommen haben würde,
als die Aufrechthaltung der Herrschaft? So lange das Kaiserreich ungeschwächt bestand, hat es keiner Heereszüge bedurft,
um die Franzosen von Burgund fernzuhalten; der Name des
Reichs hat dazu genügt. Würde etwa die Aussicht, dass dem
unabhängigen Könige von Burgund schliesslich Deutschland als
Bundesgenosse zur Seite treten würde, auf Frankreich denselben
mässigenden Einfluss geübt haben? Und würden unsere Voreltern wirklich weitsichtig genug gewesen sein, sich ohne nächstliegendes eigenes Interesse jederzeit bereitwillig dem Schirme
ihnen fremder Königreiche zu unterziehen? würde auch bei ihnen
schon die Ueberzeugung, welche wir hintenher aus der Beachtung einer langen Reihe geschichtlicher Thatsachen gewinnen,
genügend vorhanden gewesen sein, dass nicht blos am Po,
sondern auch an der Rhone schliesslich nur der Rhein vertheidigt werde?

Der ganze Verfolg der Entwicklung deutscher und französischer Machtverhältnisse legt den Gedanken gewiss überaus
nahe, dass wir es nur der herrschenden Stellung, welche unsere
Nation in früheren Jahrhunderten einnahm, und ihren Nachwirkungen verdanken, wenn unsere Unabhängigkeit von fremder
Herrschaft so weit gewahrt wurde, als es bis jetzt noch thatsächlich der Fall ist; dass es noch immer zunächst bei uns steht, den
zerfallenen aber noch nicht in fremde Hände gelangten Bau wieder
neu zu festigen. Verdanken wir dem einstigen Bestande des Kaiserreichs unsere äussere Unabhängigkeit, so würde die an dasselbe
gesetzte nationale Kraft genügend verwerthet sein, auch wenn sich

nachweisen liesse, dass durch jenen Bestand der innere Zerfall nothwendig bedingt war.

Aber auch das glaubte ich verneinen zu dürfen. Unser engerer nationaler Staatsverband ist durch die Gründung des Kaiserreichs nicht gelockert, nicht ins Schwanken gekommen, wie es etwa dann hätte der Fall sein können, wenn die Unterwerfung der benachbarten romanischen Länder nicht von unsern Königen, sondern von den Herzogen Baierns oder Schwabens unternommen wäre; und solches lag ja zeitweise keineswegs ausser dem Bereiche der Wahrscheinlichkeit. Die geschlossene Stellung des deutschen Königreichs liess die Erweiterung zum Kaiserreiche unberührt; seine freie Entwicklung auf den eigenen volksthümlichen Grundlagen war nirgends dadurch gehemmt; gestaltete sich diese in staatlichen Dingen nicht so, wie wir es wünschen möchten, so wird der Grund eher in der Art der Nation selbst, als in der Rückwirkung der äussern Verhältnisse zu suchen sein. Und wies jene immer auf eine möglichst lockere Fügung des nationalen Staatswesens hin, so glaubte ich hervorheben zu dürfen, dass gerade jene äussern Aufgaben, welchen die Nation als Trägerin des Kaiserthums sich zu unterziehen hatte, einen mächtigen einigenden und zusammenhaltenden Einfluss auf den engeren deutschen Staatsverband ausüben mussten. Und nichts schien mir dafür bestimmter Zeugniss zu geben, als die Thatsache, dass so lange das Kaiserreich in ungeschwächtem Bestande verblieb, auch die staatlichen Verhältnisse des deutschen Königreichs auf erwünschte Weiterentwicklung schliessen liessen; dass umgekehrt, als jenes verfiel, als die Nation von den äussern Aufgaben sich abwandte, nicht eine Kräftigung, sondern Zersplitterung und Schwächung des nationalen Reiches die Folge war.

Mit solcher Auffassung stehe ich auch keineswegs allein. Hören wir einen Andern: „Wie oft ist gesagt worden, dass uns das Kaiserthum und sein thörichtes Ringen um Italien zu Grunde gerichtet hat. Vielmehr das Bedürfniss, die dominirende Stellung in Europa zu behaupten, in der das rings feindlich umgränzte deutsche Land seine einzige Sicherung hatte, das war das Band, welches die Nation zusammenhielt. Weder in ihrer Natur, noch in dem Gebiete, das sie inne hatte, lag die Möglichkeit, von einem Kern aus zu wachsen und zu werden; aber einmal geeint, um sich nach Aussen hin zu behaupten, konnte sie in der Mannigfaltigkeit ihrer Art und Richtung sich fest und fester schliessen und, wenn ich so sagen darf, nach Innen hinein verwachsen. Das deutsche Königthum musste mit der Kaiserkrone die völkerrechtliche Sanktion der Stellung behaupten, ohne die es sich in sich selbst in eine Reihe lokaler Ohnmächtigkeiten auflöste. Nur die Kaiserkrone rechtfertigte das deutsche Königthum; und nur mit der festen Kraft des Königthums war die Kaiserkrone zu halten."

In dieser, mir erst jetzt aufgefallenen Stelle finde ich den Grundgedanken meiner Auffassung der Bedeutung des Kaiserreichs für unsere Nation mit solcher Bestimmtheit wieder, dass ich in Verlegenheit sein würde, wenn ich mich etwa gegen den Vorwurf zu rechtfertigen hätte, ich hätte jene Stelle lediglich weiter entwickelt. Ersteht mir nun etwa auch dieser Bundesgenosse aus der Reihe der kaiserlich königlichen Hofhistoriographen, wie der Gegner S. 41 sich auszudrücken beliebt? Ich glaube kaum, dass Droysen auf diesen Titel Anspruch erheben wird; jedenfalls schwerlich auf Grundlage des Werkes, dem jene Stelle entnommen ist, der Geschichte der preussischen Politik.

Zwischen v. Sybel und mir besteht hier nun allerdings der schärfste Gegensatz der beiderseitigen Auffassungen. Auf einen kürzesten Ausdruck gebracht, wird er sich etwa dahin fassen lassen, dass ich behaupte: weil das Kaiserreich gefallen ist, ist auch das deutsche Königreich gefallen; dagegen umgekehrt der Gegner: weil jenes bestanden hat, ist dieses gefallen.

Nun ist es ganz richtig, dass die Zerrüttung des deutschen Staatswesens im dreizehnten Jahrhunderte in engster Verbindung steht mit der damaligen Kaiserpolitik, welche auch das Kaiserreich zerrüttete; aber gewiss eben so richtig, dass dieser Umstand an und für sich weder die eine, noch die andere jener Annahmen erweisen kann. Bezeichne ich ferner das Kaiserreich im zwölften Jahrhunderte noch als eine durchaus gesunde und lebensfähige Gestaltung, während es im dreizehnten einen Stoss erhielt, welcher es nie wieder zur früheren Kraft gelangen liess, so ist es ganz richtig, wie der Gegner S. 68 bemerkt, dass sich daraus für mich das Bedürfniss ergibt, eine Ursache für eine so plötzliche Katastrophe aufzusuchen. Ebenso ist es richtig, dass, wenn diese Ursache in der das Kaiserreich bestimmenden deutschen Herrschaft in Oberitalien und Burgund, in dem Anrechte des deutschen Herrschers auf die Kaiserkrone zu suchen ist, das Kaiserreich allerdings den Zerfall in sich trug, zeitweise seinen Werth gehabt haben mochte, aber der Bedingungen längerer Lebensfähigkeit entbehrte.

Jene Ursache, deren Aufsuchung für mich allerdings Bedürfniss war, fand ich nun aber sehr naheliegend ausserhalb des Kaiserreichs; sie fand sich in dem Umstande, dass durch die Erwerbung Siziliens nicht für das Kaiserreich, sondern für das staufische Haus, die Lage des gesammten Kaiserreiches grundverschieden von der wurde, welche ich als gesunde und erspriessliche bezeichnet habe. Ich habe S. 103 ff. nachzuweisen versucht, dass die für den Fall des Kaiserreichs entscheidenden Verhältnisse überall leicht erkennbar an jene Erwerbung anknüpfen, eine Erwerbung, welche weder mit der Kaiserwürde, noch mit dem Kaiserreiche irgend etwas zu thun hatte, welche nicht auf den weltbeherrschenden Titel des Kaiserthums erfolgte, sondern in höchst legaler Weise durch Erbheirathung eines auf Weiber vererblichen Lehens, welche dem Kaiserreiche so fremd blieb, dass ihre Unvereinbarkeit mit demselben durch feierliche Verträge verbürgt wurde.

Auch der Gegner, welcher es vorzieht, sich darüber nicht auszusprechen, würde diese Umstände nicht läugnen können. Aber sie scheinen freilich für ihn keinen Werth zu haben; er beruft sich S. 70 einfach auf die von Anfang bis zu Ende sich selbst gleiche Kaiserpolitik. Allerdings haben auch frühere Kaiser mehr als einmal nach dem Besitze Unteritaliens gestrebt; man mag immerhin dieses Streben als einen Bestandtheil der sich immer gleichen Kaiserpolitik fassen. Diese habe ich an und für sich nirgends vertheidigt. Aber da sie nur ein Streben, nicht zugleich den Erfolg bezeichnet, so ist sie mir auch nicht massgebend für das auf ihrer Grundlage wirklich Erreichte. Hätte ein früherer Kaiser den Besitz Siziliens nicht blos erstrebt, sondern unter ähnlichen Umständen, wie die Staufer, wirklich errungen und behauptet, so würde das aller Voraussicht nach eben so verderblich gewirkt haben, es würde auch das nur eine weder im allgemeinen, noch im deutschen Interesse wünschenswerthe Erweiterung des Kaiserreichs zum Weltreiche oder aber seinen Verfall zur Folge gehabt haben. Das erfolglose wie das erfolgreiche Streben mag gleicherweise den Anhalt bieten für das sittliche Urtheil über die Personen der Herrscher; für die Geschicke des Reichs konnte nur der thatsächliche Erfolg massgebend werden.

Dass nun die Erwerbung Siziliens die ganze Sachlage aufs gründlichste umgestaltete, dass nun alles das, was dem deutschen Kaiserreiche seinen eigenthümlichen Charakter gab, beseitigt oder wirkungslos wurde, dass das sizilische Kaiserthum Friedrichs II sich eben so bestimmt von dem deutschen Kaiserreiche unterscheidet, wie dieses nach unserer früheren Ausführung von dem karolingischen, sollte für jeden, welcher diesen Verhältnissen jemals mit einiger Aufmerksamkeit gefolgt ist, kaum eines Beweises bedürfen. Ist es etwa gleichgültig, ob der Schwerpunkt des Reichs in Deutschland oder Sizilien liegt, ob es von Frankfurt oder Speier, oder aber von Capua oder Palermo aus regiert wird? ob der deutsche Herrscher vorzugsweise Deutschland seine Anfmerksamkeit zuwendet, oder ob ihm nur sein sizilisches Erbreich am Herzen liegt, er von hier aus nur etwa noch die romanischen Reichslande in Unterwürfigkeit zu halten sucht, Deutschland aber gleichsam ausgeschieden von der Gesammtheit des Kaiserreichs der Scheinherrschaft unmündiger Söhne überlassen bleibt? Von einem deutschen Kaiserreiche kann da eigentlich so wenig mehr die Rede sein, dass ja der Gegner selbst, zwar nicht hier, aber in anderer ihm passender Verbindung S. 95 zugesteht, dass K. Friedrichs II Herrschaft, wenn er gesiegt hätte, eher alles andere, sizilisch, italisch, sarazenisch, nur nicht deutsch gewesen sein würde. Aber ist denn nicht die Herrschaft der früheren Kaiser, auch wenn sie siegten, immer deutsch geblieben? ist sie jemals italisch oder burgundisch geworden? Ich frage weiter, ist es gleichgültig, ob die Kaiserherrschaft auf die deutsche

Basis angewiesen blieb, auf die Kräfte und Neigungen einer Nation, welche wohl die Behauptung des Kaiserreichs, nicht aber, wie sich hinlänglich gezeigt hatte, die Errichtung einer Weltherrschaft ermöglichte; oder ob sie eine grundverschiedene Basis in dem sizilischen Erbreiche erhielt mit seinen Schätzen, mit seiner weitgreifendste Ausbeutung für die Zwecke des Herrschers ermöglichenden Organisation, mit seiner das Mittelmeer beherrschenden Lage? ist es etwa nur Zufall, dass bis dahin alle das Kaiserreich überschreitenden Versuche zur Eroberung misslangen, von ernsthaften Bestrebungen, die kaiserliche Weltherrschaft zur Wahrheit werden zu lassen, nicht mehr die Rede war, während wir nun alsogleich nicht blos die Reiche des Abendlandes, sondern Afrika, Jerusalem, Konstantinopel als Zielpunkte des Strebens unserer Herrscher bezeichnet finden? Dass dabei nicht mehr in erster Linie auf die deutsche Basis zu rechnen war, scheint selbst der Gegner zu fühlen; er spricht S. 71 von einer italienischen Basis; wesshalb sträubt er sich, das Kind beim rechten Namen zu nennen, und frischweg von der sizilischen Basis zu reden? Es lässt sich weiter fragen, ist es so ganz gleichbedeutend, ob der Kaiser, zunächst auf Deutschland angewiesen, damit auch die vielfachen vorzugsweise durch das deutsche Element bestimmten Schranken seiner Gewalt zu achten hat, oder ob er unumschränkt in seinem bureaukratisch zentralisirten Erbreiche waltend von da aus auch die Länder des Kaiserreiches einer ähnlichen Willkürherrschaft zu unterwerfen trachtet? ist es reiner Zufall, dass, während das Pabstthum bisher den Bestand des Kaiserreichs nicht erschüttern konnte oder wollte, Plane hierarchischer Weltherrschaft an demselben ein unübersteigliches Hinderniss fanden, jetzt alsbald ein Kampf auf Leben und Tod zwischen beiden Gewalten entbrannte, in welchem die sizilische Kaiserherrlichkeit zusammenbrach, welcher das deutsche Kaiserreich in seinen Grundfesten erschütterte, welche der siegenden Gewalt zeitweise zu einer übermächtigen, weder für sie selbst, noch für das gemeine Beste erspriesslichen Stellung verhalf?

Diese und ähnliche Gegensätze dürften nun doch so tiefgreifende, so ausschlaggebende sein, dass es ganz unthunlich scheint, von ihnen abzusehen, deutsches und sizilisches Kaiserthum ganz ineinander verschwimmen zu lassen; ich glaubte, sie nicht bestimmt genug betonen zu können. Es hätte mich denn auch höchlich interessirt, zu erfahren, welches Gewicht ihnen etwa der Gegner beilegt. Bestimmteren Aufschluss, als er etwa in dem Hinweis auf die immer gleiche Kaiserpolitik liegen mag, suche ich vergebens. Die Erwerbung Neapels wird höchst legal genannt, was ich nicht bestritten, sondern S. 104 sehr bestimmt hervorgehoben habe; soll sich daraus etwa ergeben, dass nach den Gesetzen der sittlichen Weltordnung ein so legaler Akt unmöglich die Wurzel vielfältiger Uebel gewesen sein kann? Er gibt zu, dass die Erwerbung Neapels ausser dem Bereiche aller deutschen Interessen lag, nur darauf hinweisend, dass seiner Meinung nach dasselbe von frühern Erwerbungen zu gelten habe; aber er geht nicht auf die Frage ein, ob denn nicht gerade diese Erwerbung besonders verderbliche Folgen hatte, wie sie bei jenen früheren eben nicht hervortreten. Hätte ich auf solche Fragen eine bestimmtere Antwort erwartet, so habe ich freilich kein Recht, eine solche zu beanspruchen. Und verwahrt der Gegner sich von vornherein dagegen, allen Windungen meiner oft mühsamen Schilderung zu folgen, so denke ich mir, er dürfte gefunden haben, dass das Folgen hier besonders mühsam gewesen und dennoch ohne das ihm erwünschte Ergebniss geblieben sein würde.

Freilich scheint auch ihm nicht entgangen zu sein, dass mein Hinweis auf Sizilien doch manche Leser auf den Gedanken gebracht oder in demselben bestärkt haben könnte, der Verfall Deutschlands, welcher sich überall so handgreiflich an diese sizilischen Verhältnisse anknüpft, dürfte doch möglicherweise weniger durch die Kaiserpolitik der Ottonen und der Salier, durch das Bestehen eines deutschen Kaiserreichs, als durch die diesem fremde sizilische Politik der Staufer herbeigeführt sein. Es ergab sich daher für ihn das Bedürfniss, den Zusammenhang des staatlichen Verfalles Deutschlands mit dem Kaiserreiche unmittelbarer nachzuweisen. Das war nicht wohl möglich, ohne meine Behauptung zu entkräften, das deutsche Staatswesen habe sich beim

Beginne der sizilischen Verwicklungen in einem gedeihlichste
Weiterentwicklung verheissenden Zustande befunden; es musste
nachgewiesen werden, dass dasselbe schon vorher durch das
Kaiserreich ruinirt war. Und diesen Beweis versucht der Gegner
wirklich durch Begründung der Ansicht zu führen, dass das
deutsche Königthum schon ein Jahrhundert früher durch den
Investiturstreit für immer unheilbarer Zerrüttung und Schwäche
preisgegeben worden sei.
Damit stellt sich nun die Frage sehr einfach.

Ist die Ansicht des Gegners richtig, dass die deutsche Herrschergewalt schon im zwölften Jahrhunderte in Folge des Investiturstreites in einer Weise herabgekommen war, welche jede Aussicht auf gedeibliche Weiterentwicklung ausschloss, so fällt meine Behauptung, dass erst die sizilischen Wirren den Verfall herbeiführten. Ich gebe dann auch zu, dass die Kaiserwürde das Verderben brachte, da ich mit v. Sybel S. 60 ganz darüber einverstanden bin, dass die Gefahr des Investiturstreites für Deutschland vorzugsweise durch die besondere Stellung seiner Herrscher als Kaiser bedingt war. Es dürfte dann nur weiter zu erörtern sein, ob auch schon die, wie ich bemerkte, von der Kaiserwürde unabhängige deutsche Herrschaft in Oberitalien und Burgund solche verderbliche Folgen gehabt haben würde. Denn es wäre wenigstens denkbar, dass, wenn auch die Kaiserwürde verderblich wirkte, doch die territoriale Ausdehnung der deutschen Herrschaft sehr erspriesslich gewesen sei. Wenn ich, jenes zugegeben, nicht ohne weiteres auch diese Stellung räumte, so würde man das um so begreiflicher finden, als das, was ich am Kaiserreiche lobenswerth finde, sich vorzugsweise auf den territorialen Bestand, weniger auf die Kaiserkrone bezieht; als es sich insbesondere, so weit ich folgernd an moderne Streitfragen anknüpfte, für mich nicht um den Werth der Kaiserwürde mit ihrer kirchlichen und universalen Bedeutung handeln konnte, sondern einfach um den Werth einer über das nationale Gebiet hinausreichenden deutschen Machtstellung in Mitteleuropa.

Mich auf solche letzte Stellungen zurückzuziehen, finde ich aber vorläufig noch nicht die geringste Veranlassung. Gelingt es mir nämlich umgekehrt zu erweisen, dass auch nach dem Ausgange des Investiturstreites das deutsche Königthum und Kaiserthum nicht allein noch vollkommen ausreichende Machtmittel besass, sondern ganz entschieden in steigender Bewegung begriffen war, bis die Erwerbung Siziliens die ganze frühere Sachlage änderte und den entscheidenden Wendepunkt herbeiführte, so scheint mir damit die Hauptfrage nach dem vom Gegner selbst eingeschlagenen Beweisverfahren zu seinen Ungunsten genügend entschieden zu sein.

Wir fragen vor allem, wie denkt sich denn eigentlich der Gegner die Lage des Kaiserthums nach dem Investiturstreite? Darüber erhalten wir vollkommen genügende Auskunft. Die Niederlage des Kaiserthums gleich nach dem Tode Heinrichs III war die entscheidende und letzte (S. 58); mit den Konzessionen K. Lothars war die Ohnmacht der Reichsgewalt gegenüber den Fürsten und die Erhebung des Pabstes über das Kaiserthum entschieden (S. 59). Natürlich darf nun, soll der beabsichtigte Effekt nicht wieder verloren gehen, von da ab das deutsche Königthum und Kaiserthum nichts mehr bedeuten. So gelangen wir zu folgender überraschender Schilderung: die Monarchie war schon zur Zeit der Staufer ein wesenloser Schemen, ihre Stellung war zusammengeschwunden auf eine hohe persönliche Ehre (S. 64); das monarchische Prinzip des heutigen Staatsrechts war vollkommen zerstört und aufgegeben, der Kaiser besitzt als Bürgschaft für die Treue einiger hundert Magnaten, ohne deren Verstatten er auf Anhänglichkeit und Gehorsam der Nation nicht mehr rechnen darf, nicht mehr eine zweckmässig organisirte Regierungsgewalt, sondern lediglich verschiedene Mittel diplomatischen Einflusses (S. 65); K. Friedrich I hatte bereits auf gebietende Herrschaft verzichtet; er war nur noch dem Namen nach ein deutscher König, in Wahrheit aber nichts weiter, als der Führer einer möglichst starken Fürstenpartei (S. 66); das Kaiserthum hatte durch die päbstliche Erhebung auch in Deutschland alle prägnante Herrscherkraft eingebüsst, lebte von der freien Gunst der Fürsten und griff auf die alten Pläne gegen Neapel als erstes

Herausarbeiten aus völliger Ohnmacht zurück (S. 70). Thörichte Nation, die du noch immer auf den Kyffhäuser blickst, den Rothbart in seiner Kaiserherrlichkeit erwartest! lass den Alten ruhen; bist du doch jetzt enttäuscht über den Wahn, in dem du seit Jahrhunderten befangen warst; was kann dir noch liegen an dem ohnmächtigen Namenkönige?

Der Gegner hat sich auch in der Form sehr wenig Zwang auferlegt, wo er das Bedürfniss fühlte, meine ihm nicht zusagenden Ansichten zurückzuweisen. Um so weniger habe ich Veranlassung trotz aller Achtung, zu der ich mich einem so namhaften Vertreter der Wissenschaft gegenüber verpflichtet fühle, hier mit meiner Meinung über die Sache irgendwie zurückzuhalten. Und diese geht einfach dahin, dass ich nicht begreife, wie v. Sybel sich dazu verstehen konnte, mit seinem Namen einzustehen für ein Zerrbild der Herrschergewalt der ersten Staufer, welches allem eher entspricht, als den offenkundigsten Thatsachen, welches kaum einer Verschärfung bedürfte, um auf die machtlosesten Könige der Zeit des Interregnum zu passen, dessen Uebertragung auf die Zeiten des ersten Friedrich nur das Ergebniss völliger Unkenntniss, wie sie hier doch nicht vorauszusetzen ist, oder einer Willkür sein kann, wie sie in solchen Dingen kaum je früher gewagt sein dürfte.

Zu solchem Urtheile würde ich mich allerdings lediglich auf Grund abweichender persönlicher Meinung, wenn sich diese auch noch so bestimmt begründen liesse, nicht berechtigt halten. Aber diese Dinge sind doch oft und auch neuerdings mehrfach Gegenstand wissenschaftlicher Erörterung gewesen. Zuletzt in einem Aufsatze von Nitzsch, welcher in der Zeitschrift v. Sybels selbst veröffentlicht wurde, welchen dieser auch bei seiner Schrift nach der Bemerkung S. 67 vor Augen oder doch im Gedächtnisse hatte. Dieser sagt gerade von der Zeit, in welche v. Sybel ein erstes Herausarbeiten aus völliger Ohnmacht setzt: „Die letzten Jahre der Regierung Friedrichs und die seines Sohnes Heinrich bieten das Bild einer Machtentwicklung ohne Gleichen." Träumt denn Abel, wenn er von Friedrich sagt: „Manches hat er sich durchzuführen versagen müssen, was ihm einst als erreichbares

Ziel vor der Seele gestanden war; aber er hatte Deutschland auf eine nie gekannte Stufe von Glanz und Ansehen gehoben und auch das Ausland erkannte an, dass seit dem grossen Karl seinesgleichen nicht da gewesen in Herrschermacht und Thatenfülle." Träumen denn alle diejenigen, welche bisher auf die gewaltige Herrschermacht, welche dem deutschen Könige und Kaiser damals zu Gebote stand, gerade aus dem Umstande schlossen, dass Friedrich gezwungen ablassend von überspannten Planen, wie sie wurzelten in jener Idee eines weltumfassenden, unbeschränkten Kaiserthums, nur um so energischer auf die ungebrochene reale Basis seiner Herrschaft, zumal der deutschen, gestützt eine Wirksamkeit entfalten konnte, wie sie kaum einem seiner Vorgänger und Nachfolger gegönnt war; und am wenigsten nach solchem Misslingen. Wohl lassen auch hier, wie überall, die Thatsachen manchen Raum für ein abweichendes Urtheil; wohl sind auch mir Darstellungen bekannt, welche das Misslingen schärfer betonen, als die ihr dennoch folgende Machtentfaltung, welche einzelne Beispiele der Abhängigkeit des Kaisers von deutschen Fürsten bestimmter hervorheben, als andere, wo die strafende Hand des Herrschers auch die Mächtigsten zu erreichen wusste. Und will man daraus folgern, schon damals habe das Zünglein der Waage sich auf die Seite des Fürstenthums geneigt, seien die Keime zum spätern Verfalle des Königthums nicht zu verkennen, so stimme ich dem freilich nicht zu und werde die Widerlegung versuchen; aber unberechtigt nach dem jetzigen Stande der Wissenschaft würde ich solche Auffassung gerade nicht nennen mögen.

Nicht so steht es mit den Behauptungen des Gegners. Wo, frage ich diesen, können auch die seiner Ansicht am nächsten tretenden wissenschaftlichen Darstellungen Anderer Urtheile begründen, wie die, dass die Monarchie schon zur Zeit der ersten Staufer ein wesenloser Schemen, dass Friedrich I nur noch dem Namen nach ein deutscher König, dass der Plan auf Sizilien ein erstes Herausarbeiten aus völliger Ohnmacht gewesen sei? und wenn nicht, wo sind die Thatsachen, welche solche bisher unerhörte Behauptungen erweisen können? und vor allem, wo sind die Fachmänner, welche, mögen sie aus andern Gründen meine Ansicht auch noch so entschieden missbilligen, geneigt sein dürften, mit ihrem Namen für die Vereinbarkeit jener Behauptungen mit den Thatsachen einzustehen? Wenn ich mich nicht scheue, solche Fragen bestimmt und öffentlich zu stellen, so mag das erweisen, dass jenes scharfe Urtheil wenigstens nicht leichtsinnig ausgesprochen wurde. Es stützt sich nicht auf eine etwa aus genauerer Beschäftigung mit der Geschichte dieser Zeit gewonnene abweichende persönliche Meinung, welche ich in solcher Weise als allgemeingültigen Massstab gewiss nicht geltend machen würde; es stützt sich auf meine Ansicht von der objektiven Sachlage, wie sich dieselbe ergibt aus den offenkundigen Thatsachen und der bisherigen Auffassung derselben in allen mir bekannten Darstellungen kompetenter Fachmänner. Und danach wird sich doch mit Fug eine Gränze ziehen lassen zwischen dem, was in solchen Dingen noch als abweichende wissenschaftliche Meinung gelten kann, was andererseits als mit den Thatsachen in offenem Widerspruch in das der Wissenschaft fremde Gebiet willkürlicher und unbegründeter Behauptungen zu verweisen ist.

Vermag der Gegner jene Fragen in einer seinen Behauptungen günstigen Weise genügend zu beantworten, so habe ich mich über die objektive Lage der Sache getäuscht und werde dann bereitwillig zugeben, dass seine Behauptungen, so durchaus irrig sie mir erscheinen, wenigstens nicht auf reiner Willkür beruhen.

Vermag er eine solche Antwort nicht zu geben, so wird er mir erlauben an der Behauptung festzuhalten, er sei meiner Ansicht an der entscheidendsten Stelle mit ganz willkürlichen Behauptungen entgegengetreten, über deren wissenschaftliche Unhaltbarkeit sich ein so erprobter Fachmann, wie er, kaum täuschen konnte. Und das Urtheil über solche Streitweise kann ich dann getrost Anderen anheimstellen.

In keinem Falle fühle ich mich freilich der Verpflichtung enthoben, meine eigene Ansicht über die Stellung des deutschen Königthums und Kaiserthums vor der Erwerbung Siziliens bestimmter zu begründen. Denn wusste sie der Gegner nicht zu widerlegen, so ist damit ihre Unwiderlegbarkeit an und für sich noch keineswegs erwiesen; und gipfelt die Darstellung des Gegners in Sätzen, welche mir einer Widerlegung nicht zu bedürfen scheinen, so will ich das natürlich nicht auf alles ausdehnen, was er in dieser Frage gegen mich geltend macht, und habe selbst angedeutet, dass hier für ziemlich weit auseinandergehende Meinungen auf Grundlage der Thatsachen und der bisherigen Auffassung derselben immerhin Raum geboten sein mag. Es wird sich dabei zugleich ergeben, dass der Gegner sich nicht begnügte, meiner Ansicht geschichtlich unhaltbare Behauptungen entgegenzustellen, sondern es überdies versuchte, sie durch Unterlegung von Motiven, welche ihr fremd waren, zu verdächtigen.

Wie zerrüttend der Investiturstreit auf alle Verhältnisse des Kaiserreichs einwirkte, ist bekannt genug. Aber nicht das zeitweise Uebel kommt hier in Betracht, sondern der schliessliche Erfolg. Hat das Kaiserreich jene Wirren glücklich überstanden, sind die damals geschlagenen Wunden rasch geheilt, so wird uns das nur ein Beweis mehr sein müssen, dass seine Konstitution doch keine so gar ungesunde gewesen sein könne.

Auch bezeichnet der Investiturstreit unzweifelhaft einen wichtigen Wendepunkt in der Entwicklung des Kaiserthums. Es fragt sich nur, ob zum Bessern oder zum Schlechtern. Der Gegner sieht überall nur die Idee des theokratischen Weltreichs wirksam, in welchem es nur einen Herrscher geben kann, in welchem der priesterliche Kaiser und der kaiserliche Priester um die Herrschaft streiten. Dass das auf die Bestrebungen mancher Kaiser und mancher Päbste passt, stelle ich nicht in Abrede; eben so wenig, dass die Erreichung dieses Ziels von dieser oder jener Seite das grösste Hemmniss gesunder Entwicklung gewesen sein würde.

Mag man nun mit dem Gegner die Idee des christlichen Weltreichs auch für jene Jahrhunderte schlechthin für verwerflich halten, mag man es bedauern, dass je ein Pabstthum und ein Kaiserthum entstanden: zur Zeit des Investiturstreites waren die

Idee und die Gewalten, an welche sie zunächst sich anschloss, einmal vorhanden; für die Beurtheilung seines Erfolgs können wir nicht von ihnen abstrahiren; und fasst man ihr Vorhandensein als ein Uebel, so wird dieses Uebel doch einer Milderung oder Steigerung fähig sein. Da wird nun doch zu beachten sein, dass die Auffassung des Gegners nicht die in jenen Jahrhunderten geläufigste war, dass diese den einen obersten Herrscher des christlichen Weltreichs im Allmächtigen sah, welcher die irdische Leitung derselben zwei und zwar gleichberechtigten Gewalten übertragen hat. Und dass doch auch manche Kaiser und Päbste solcher Auffassung beipflichteten, wird gleichfalls nicht zu läugnen sein.

Man kann nun freilich zugeben, dass auch bei theoretischer Anerkennung gleicher Berechtigung thatsächlich der Träger jeder Gewalt den Kreis derselben zu überschreiten geneigt sein wird. Will man aber aus solchem Streben mit dem Gegner S. 63 die Unmöglichkeit eines Gleichgewichts, eines Zusammenwirkens ableiten, so würde das schliesslich auf alle Institutionen passen, welche die Leitung öffentlicher Angelegenheiten nicht dem massgebenden Willen eines Einzelnen, sondern dem Zusammenwirken mehrerer Gewalten anheimstellen; und die staatliche Entwicklung auch unserer Zeit bewegt sich ja gleichfalls vorwiegend in dieser Richtung. Die Verbürgung möglichsten Gleichgewichts in solchen Fällen wird davon abhängen, ob es gelingt, jenem Streben die nöthigen Schranken zu setzen. Da wird es ankommen auf möglichst scharfe Sonderung der beiderseitigen Gebiete, welche die Veranlassungen zu Uebergriffen mindert; und wir lesen ja auch beim Gegner S. 57, dass Staat und Kirche bei verständiger Scheidung ihrer Gebiete sich vertragen können. Es wird weiter ankommen auf möglichst gleiche Vertheilung der Machtmittel, damit jede Gewalt das ihr zustehende Gebiet vertheidigen kann. Die Herstellung eines unverrückbaren, vor allen Schwankungen gesicherten Gleichgewichtes mag man in solchen Dingen anstreben; dass das thatsächlich nie oder selten erreichbar sein wird, habe ich selbst S. 94 hervorgehoben. Aber wird desshalb die Möglichkeit einer gedeihlichen Annäherung an dasselbe, die Möglichkeit der Herstellung eines wenigstens durchschnittlichen, für lange Zeitperioden vollkommen ausreichenden Gleichgewichts von vornherein zu bestreiten sein? werden wir etwa die Lehre von der Theilung der Gewalt zwischen Krone und Ständen verwerfen, weil so häufig auf beiden Seiten eine Neigung zur Ueberschreitung ihrer verfassungsmässigen Befugnisse vorhanden und es so schwer ist, eine allen Verhältnissen gegenüber ausreichende Bürgschaft für die Erhaltung des nöthigen Gleichgewichts zu finden? Und die Würdigung der Folgen des Investiturstreites in dieser Richtung wird gerade den Ausführungen des Gegners gegenüber davon abhängen müssen, ob sein Ausgang jener Idee eines von einem Einzigen beherrschten christlichen Weltreiches zum Siege verhalf, oder aber ob er durch grössere Scheidung der Gebiete, grössere Ausgleichung der Machtmittel die Aussicht auf ein gedeihliches Gleichgewicht eröffnete.

Bis auf die Zeiten des Investiturstreites war das Uebergewicht durchweg auf Seiten des Kaiserthums. Dieses nahm eine scharf ausgeprägte kirchliche Stellung ein, war vielfach veranlasst ordnend und schirmend in die Verhältnisse der allgemeinen Kirche einzugreifen und ein dadurch nahe gelegtes Streben nach theokratischer Weltherrschaft macht sich aufs bestimmteste geltend. Man kann nun ganz wohl der Ansicht sein, dass Aufgaben, wie sie Otto I oder Heinrich III in dieser Richtung lösten, im allgemeinen und dadurch doch auch wieder im nationalen Interesse nicht ungelöst bleiben durften; und kann dennoch in so weit dem Gegner zustimmen, dass ein solcher Zustand an und für sich kein wünschenswerther war, dass, so wenig er den kirchlichen Interessen entsprechen mochte, so wenig auch die Fortdauer einer solchen Stellung ihrer Herrscher den unmittelbaren Interessen der Nation erspriesslich sein konnte.

Je schärfer man aber die sich daraus ergebenden Uebelstände betont, um so bestimmter wird nun doch auch anzuerkennen sein, dass gerade durch den Investiturstreit und was damit zusammenhängt die Axt an die Wurzel des Uebels gelegt wurde. Durch die Regelung der Pabstwahl, überhaupt durch die ganzen Reformen der gregorianischen Periode und die dadurch gewonnene innere Festigung der Kirche, weiter durch die Herstellung geordneterer staatlicher Verhältnisse in Unteritalien und die engere Verbindung der Normannen mit dem päbstlichen Stuhle entfiel zum grössten Theile die Nothwendigkeit einer Einflussnahme der Kaiser auf die allgemeinen kirchlichen Verhältnisse, waren die Wege schärferer Scheidung der beiderseitigen Gebiete mit Bestimmtheit eingeschlagen, war für den Kaiser die Möglichkeit, die Kirche zur Dienerin seines Willens zu machen und auf dieser Grundlage die christliche Welt seinen Geboten zu unterwerfen, wesentlich beseitigt. Lothar hat diese Wendung anerkannt, hat die zeitweilige Hülfsbedürftigkeit des Kirchenhauptes nicht dazu benutzt, auf Stellungen zurückzugreifen, welche auf die Dauer der geänderten Sachlage gegenüber nicht mehr haltbar erscheinen konnten. Friedrich I hat es dann nochmals versucht, mit aller Entschiedenheit eine kaiserliche Allgewalt anzustreben, wie sie nur durch Beherrschung der Kirche erreichbar war. Aber hier stand er freilich nicht mehr auf demselben Boden, wie frühere Kaiser; es ist bezeichnend, wie er in allen seinen kirchlichen Bestrebungen sich doch rasch auf die territorialen Gränzen des Kaiserreichs als eine Schranke hingewiesen sieht, auf deren Wegräumung er nicht hoffen darf. Das Erreichbare liegt auch ihm und seinen Rathgebern bald genug in der Beherrschung der Reichskirche, in der Verfügung über den Stuhl von Rom, nicht als Mittelpunkt der ganzen Christenheit, aber als ersten Stuhl des Reichs, auf dessen Besetzung der Kaiser denselben Anspruch erhebt, welcher jedem andern Herrscher für die Bischofssitze seines Gebiets zusteht. Musste nach jahrelangen Kämpfen auch darauf verzichtet werden, so liegt darin der bestimmteste Beweis, dass seit dem Investiturstreite für jenen kirchlichen Einfluss des früheren Kaiserthums der Boden nicht mehr vorhanden war. In dem Frieden von Venedig ist das Wesentliche in dieser Richtung das Aufgeben des Reichspabstthums, die Wiederanerkennung eines allgemeinen, in kirchlichen Dingen jeder Einflussnahme des Kaisers entzogenen Pabstthums. Eine Kaiserpolitik, welche durch Beherrschung der Kirche sich den Weg zur Weltherrschaft zu bahnen gedachte, hatte seit dem Investiturstreite auf keinen Erfolg mehr zu rechnen; und mochte das Kaiserthum zögern, sich das einzugestehen, seit dem Tage von Venedig war hier eine Täuschung nicht mehr möglich. Man wird nicht einmal sagen können, dass die sizilischen Kaiser auf die Kaiseridee in dieser Richtung zurückgegriffen hätten. Nicht darauf geht ihr nächstes Streben, durch Beherrschung der Kirche zur Weltherrschaft zu gelangen; von rein politischen Stellungen aus suchen sie sich dieser zu bemächtigen, wohl wissend, dass dann jene für sie nur noch eine Frage der Zeit sein könne. Die Reihe kaiserlicher Päbste und Gegenpäbste ist mit dem Tage von Venedig geschlossen; die Wendung der Dinge in dieser Richtung ist dadurch ganz bestimmt gekennzeichnet.

So scheint mir allerdings gerade durch den Investiturstreit das Uebel der kirchlichen Aufgaben des Kaiserthums wesentlich beseitigt; es sind demselben nun auch in dieser Richtung bestimmtere Gränzen gezogen, wie sie seine weltlichen Aufgaben und das Gedeihen der Nation unzweifelhaft nur fördern konnten. Je länger das deutsche Kaiserreich besteht, um so bestimmter sieht sich das Kaiserthum überall auf diese seine reale Basis hingewiesen, um so weiter entfernt es sich von jenen Ideen einer an die Einheit der Kirche anknüpfenden Weltherrschaft. Und wenn der Gegner S. 69 darauf hinweist, dass der Zustand, welchen ich als normales Gleichgewicht, als gesunde Gestaltung des Kaiserreichs bezeichne, zunächst in der Zeit zwischen Gregor VII und Innozenz III zutrifft, so habe ich nichts dagegen einzuwenden; es entspricht das vollkommen den hier und früher besprochenen Umständen.

Wir haben freilich bisher nur die eine Seite der Dinge ins Auge gefasst. Von einem Gleichgewichte in Folge des Investiturstreites kann natürlich nur dann die Rede sein, wenn die Beseitigung des kaiserlichen Uebergewichts auch in kirchlichen Dingen nicht umgekehrt zu einem päbstlichen Uebergewichte in den weltlichen Angelegenheiten des Reichs führte. Das ist nun allerdings die Ansicht des Gegners. Für die völlige Bedeutungslosigkeit des deutschen Königthums und Kaiserthums im zwölften Jahrhunderte, mit welcher er uns überraschte, weiss er auch den

Grund anzugeben. Das Pabstthum hat in dieser Zeit das Kaiserthum als Reichsregierung neutralisirt, dieses hatte durch die päbstliche Erhebung auch in Deutschland alle prägnante Herrscherkraft eingebüsst, es musste sich durch die Ewerbung Neapels einer erdrückenden päbstlichen Uebermacht entziehen. (S. 69. 70.)

Die Beweisführung für diese Behauptungen glaubt nun der Gegner durch geschickte Verwendung zweier Namen sich ersparen zu dürfen. Es handelt sich ja einfach nach S. 69 um die Periode von Gregor VII bis ungefähr auf Innozenz III, nach S. 70 um das System Gregors VII und Innozenz III, S. 71 geradezu um die Zeiten Gregors und Innozenzs; diese soll ich als gesunde Blüthe des deutschen Reichs feiern. Welcher Unsinn, da doch jeder weiss, was diese Namen für das Reich zu bedeuten haben!

Ich könnte mich hier auf die Rolle des gelehrigen Schülers zurückziehen und ganz mit derselben Genauigkeit erwiedern, es sind die Zeiten jener gewaltigsten Kaiser, eines Heinrich III und Heinrich VI, welche der Gegner im vollsten Widerspruche mit den offenkundigsten Thatsachen als die Zeit einer erdrückenden päbstlichen Uebermacht zu bezeichnen wagt. Wer von uns beiden würde nun Recht haben? Von beiden Schlüssen ist der eine genau so berechtigt, oder aber genau so unberechtigt, wie der andere; der eine steht oder fällt mit dem andern. Stehen nun aber zugleich beide im unmittelbarsten Widerspruche zu einander, kann demnach nur von der völligen Unzulässigkeit beider die Rede sein, so ergibt sich hier ein Konflikt mit den einfachsten Gesetzen der Logik, für welchen wir billig den verantwortlich machen, welcher zuerst ein Beweisverfahren in Anwendung brachte, an dem sich kaum etwas wird rühmen lassen, als dass es unzweifelhaft ein überaus bequemes ist. Und das Räthsel löst sich ja einfach dadurch, dass es sich hier so wenig um die Zeiten Gregors und Innozenzs handelt, als um die des dritten und sechsten Heinrich; sondern um die Zeit zwischen ihnen, die Zeit vom Investiturstreite bis zur Erwerbung Siziliens. Und scheint der Gegner sich um solche kleinliche Unterschiede nicht zu kümmern, so wird er uns erlauben, sie etwas näher ins Auge zu fassen.

Ich stimme dem Gegner vollkommen darin bei, dass Gregor keineswegs blos kirchliche Unabhängigkeit erstrebte, dass er in Reaktion gegen das Uebergewicht des Kaiserthums in kirchlichen Dingen nun eine Unterwerfung des Staats unter die Kirche, eine päbstliche Weltherrschaft fest ins Auge gefasst hatte. Und zwar sollte diese nicht blos sich gründen auf ein schärferes Anziehen des Bandes des Gehorsams, durch welches auch die christlichen Herrscher dem Kirchenhaupte verbunden waren; unmittelbar an die Formen des weltlichen Lehnsstaates suchte er anzuknüpfen, die Herrscher der Erde dem h. Petrus und seinem Nachfolger zur Lehnstreue zu verpflichten.

Dass aber Gregor eine päbstliche Weltherrschaft nicht blos erstrebt, sondern wirklich begründet habe, ist mir durchaus neu. Ich habe bisher geglaubt, dass zwar seinen massvolleren, auf Reform und Unabhängigkeit der Kirche gerichteten Bestrebungen der Erfolg zur Seite stand, von seinen weltbeherrschenden Planen aber zunächst nicht mehr die Rede war, bis sie, und zwar erst nach der nach meiner Ansicht entscheidenden Wendung der Geschicke des Kaiserreichs, von Innozenz wieder aufgenommen wurden. Das Streben ist doch nicht schon massgebend für den Erfolg, wenn es auch dem Gegner beliebt, zwischen beiden möglichst wenig zu unterscheiden. Und waren die masslosesten Ziele der päbstlichen Politik durch Gregor bereits bestimmt ausgesprochen, während doch die folgenden Päbste von einer weltbeherrschenden Stellung in weltlichen Dingen thatsächlich weit entfernt waren, so werden wir um so sicherer schliessen dürfen, dass auch hier wieder die Natur der Verhältnisse einem Erfolge jenes Strebens im Wege stand, dass ein genügender Gegendruck vorhanden war. Und um so gewisser werden wir diesen in dem deutschen Kaiserreiche zu suchen haben, als erst mit seiner Zerrüttung durch die sizilischen Angelegenheiten die Plane päbstlicher Weltherrschaft wieder aufgenommen werden konnten und zwar nun mit entschiedenem Erfolge.

Es ist gewiss, in den Zeiten, welche zunächst auf Gregor folgten, waren die Gemüther vorzugsweise von kirchlichen Regungen erfüllt; päbstliche Bestrebungen fanden darin überall eine mächtige Stütze, das Reich war in Schatten gestellt durch die Kirche, ihr Einfluss wusste sich in früher nicht gekannter Weise auch in inneren Reichsangelegenheiten geltend zu machen. Diese kirchliche Richtung der Zeit hat es fast überall ermöglicht, auf kirchlichen Gebieten den Sieg des Pabstthums zu entscheiden. Aber nicht allein, dass auf die Zeiten religiöser Erregung gar bald solche der Abspannung und Ernüchterung folgten, dass neben den kirchlichen doch auch den weltlichen Gesichtspunkten bald wieder ihr Recht wurde. Jene günstigste Lage hat nicht einmal genügt, wenigstens auf gemischten Gebieten der Kirche zu völligem Siege zu verhelfen, geschweige denn, dass sie auch das weltliche ihrem Willen unterworfen hätte.

Ist denn der Investiturstreit, bei welchem berechtigte Forderungen des Reichs und der Kirche in schwer zu lösendem Gegensatze standen, durch eine Anerkennung der päbstlichen, einen Verzicht auf die kaiserlichen Ansprüche geendet? Der Gegner freilich scheint das anzunehmen; er glaubt, dass der Einfluss des Kaisers auf das Bisthum dadurch in einer Weise geschwächt worden sei, welcher wirksame Herrschaft fortan unmöglich machte. Ich meine, nicht allein formell, sondern auch thatsächlich blieb hier noch immer das Uebergewicht auf Seiten des Kaiserthums. Wir können vorläufig davon absehen, um später darauf zurückzukommen. Ist die Ansicht des Gegners gegründet, so müssen sich die Folgen in der geänderten Stellung beider Gewalten zeigen, es muss eine päbstliche Uebermacht auch in weltlichen Dingen in dieser Periode wirklich hervortreten.

Wir fragen billig, wo ist denn nun in den Zeiten zwischen Gregor und Innozenz jene erdrückende päbstliche Uebermacht, der sich das ohnmächtige Kaiserthum durch den Erwerb Siziliens entziehen musste? wo sind ihre Träger? Ist es etwa jener vom Kaiser überwältigte Paschal? Sind es seine flüchtig in Frankreich umherirrenden Nachfolger? oder jene, welche nur bei der Waffengewalt des Kaisers Schirm gegen ihre Feinde fanden? Ist es jener Urban III, welcher trotz klarster Einsicht in die verhängnissvollen Folgen der sizilischen Heirath sie nicht zu hindern vermochte, kaum eine Stätte fand, wo es ihm vergönnt gewesen wäre, die geistlichen Waffen gegen den Kaiser zu gebrauchen? oder jener Coelestin, welcher mit stummer Ergebung zusehen musste, wie der übermächtige Kaiser ihm eine Stütze seiner Herrschaft nach der andern entzog? Von beachtenswerthester Seite ist kürzlich die Meinung ausgesprochen, der Kampf zwischen Kaiser und Pabst nach dem Austrag des Investiturstreites lasse sich füglich als ein Kampf um die Herrschaft Italiens bezeichnen. Für den schliesslichen Verlauf wird das kaum unrichtig sein; ob es schon für unsere Periode zutrifft, müsste fraglicher erscheinen; so viel ist auch hier jedenfalls richtig, dass Fragen weltlicher Herrschaft in Theilen Italiens nicht geringen Antheil an dem Kampfe hatten. Dann aber wird man auch sagen müssen, dass in diesen Streitpunkten rein weltlicher Natur das Pabstthum völlig unterlegen ist, bis mit Innozenz die entscheidende Wendung eintrat. So bestimmt dieser die Marken, das Herzogthum Spoleto, die Romagna in Anspruch nahm, so wenig war davon unter seinen Vorgängern auch nur noch die Rede gewesen. Die Geschichte des Erbgutes der Gräfin Mathilde wird hier vor allem als Anhalt dienen müssen. Mag der Rechtspunkt diesem und jenem Bedenken unterliegen, keinenfalls kann darin der Grund gesucht werden, wenn die päbstlichen Ansprüche ohne Erfolg blieben; selbst kaiserlicherseits anerkannt, von den Päbsten nie aufgegeben, war der Rechtstitel gewiss übergenügend begründet, um der Kirche zum Besitze zu verhelfen, wenn ihr irgend die Macht, ihre Ansprüche durchzuführen, zu Gebote stand. Wie erdrückend muss demnach die päbstliche Uebermacht in weltlichen Dingen gewesen sein, wenn die Kirche hier nie zum Besitze gelangen konnte, wenn unter offenem Widerspruche oder nothgedrungener Zustimmung derselben immer der Kaiser oder von ihm belehnte Fürsten im Besitze verblieben, das Pabstthum selbst da, wo es sich in der Zeit des Friedens von Venedig in der günstigsten Lage befand, dennoch seine Ansprüche nicht durchzusetzen vermochte!

Ich denke überhaupt, der Frieden von Venedig wird uns der sicherste Prüfstein sein zur Entscheidung der Frage, ob von kirchlicher Uebermacht in dieser Zeit die Rede sein kann; ist sie irgendwie vorhanden, so muss sie sich in dem zeigen, was das wenigstens auf kirchlichem Gebiete völlig besiegte Kaiserthum dem siegenden Pabstthum zu gewähren hat. Und gerade hier vermag ich ein Uebergewicht des letztern am wenigsten zu entdecken. Denn ergibt sich auch vorwiegend ein Abstehen des Kaisers von früher erhobenen Ansprüchen, so ist doch auch der Charakter des vorhergehenden Kampfes ins Auge zu fassen. Niemand wird läugnen, dass Alexander während desselben wesentlich in der Stellung des Vertheidigers verharrte, im Gefühle der Unzulänglichkeit seiner Mittel zum Angriffe bei einiger Besonnenheit darin verharren musste. Von Ansprüchen auf päbstliche Lehnshoheit über den Kaiser, mochten sie unter Hadrian wirklich oder scheinbar erhoben sein, ist ferner nicht mehr die Rede; den Bestimmungen des Friedens liegt durchaus die Anschauung gleicher Berechtigung beider Gewalten zu Grunde. Nie hatte Alexander, wie andere Päbste vor ihm oder nach ihm, sich stark genug gefühlt, dem Vorschreiten des Kaisers auf geistlichem Gebiete durch entsprechende Schritte auf weltlichem zu begegnen, den Gegenpäbsten Gegenkaiser gegenüberzustellen. So war er freilich zu Venedig auch nicht in der Lage, seiner Anerkennung durch den Kaiser, dem Aufgeben des Gegenpabstes ein entsprechendes Zugeständniss zur Seite zu stellen; was der Kaiser in dieser Richtung etwa verlangen konnte, wurde ausreichend gewährt: die Billigung seiner von der Kirche früher verworfenen Ehe, das Versprechen der Krönung seiner Gemahlin, die Anerkennung seines Sohnes als rechtmässigen römischen Königs. Der Frieden bezeichnet ein Unterliegen des Kaiserthums nur in so weit, als dieses auf kirchlichem Gebiete der angreifende Theil gewesen war; aber kein Recht weltlicher Gewalt ist zu Venedig dem Pabstthume preisgegeben. So weit die Länder Mittelitaliens für das Reich je in Anspruch genommen wurden, so weit blieb auch die kaiserliche Herrschaft gewahrt; nur zur Zurückstellung dessen, was er selbst der Kirche von weltlichem Besitz genommen hatte, verpflichtete sich Friedrich. So wesentliche Dienste dem Pabstthume die Lombarden geleistet hatten, es gelang ihm nicht, den

Frieden von der endgültigen Gewährung ihrer Forderungen abhängig zu machen; nur Waffenstillstand wurde gewährt, wie ihn der Kaiser auch schon früher ohne Einschreiten des Pabstes bewilligt hatte; die schliessliche Regelung ihrer Beziehungen zum Reiche blieb dem päbstlichen Einflusse völlig entrückt. Und gerade da, wo die Gebiete beider Gewalten, im deutschen Bisthume am bedenklichsten verknüpft waren, zeigt sich am deutlichsten, wie es nur der Gesichtspunkt billigster Ausgleichung ist, welcher die Bestimmungen des Friedens durchdringt. Es ist nicht das Kaiserthum, welches nun wenigstens auf diesem Gebiete einfach weicht; es werden Zugeständnisse von dieser, wie von jener Seite gemacht. Gerade die Hauptvorkämpfer des Schisma unter den deutschen Kirchenfürsten verbleiben in ihren Würden; der dem Kaiser vorzugsweise verhasste Albert von Salzburg muss ihr entsagen. Nicht einmal in dem, was bezüglich der Investitur noch streitig, von K. Lothar sogar schon zugestanden war, macht der Kaiser eine Konzession; es erscheint mit anderm schiedsrichterlicher Ausgleichung vorbehalten.

So entschieden demnach der Frieden den Stab brach über die kaiserlichen Plane theokratischer Weltherrschaft, so wenig weiss ich den Bestimmungen desselben irgend etwas zu entnehmen, was entsprechenden päbstlichen Planen zum Stützpunkte hätte dienen können. Es mochte geringe Bedeutung haben, wenn beim Beginne der Regierung Friedrichs Pabst und Kaiser Versprechungen austauschten, bei welchen der Gesichtspunkt der Gleichberechtigung durchaus massgebend war. Das Gleichgewicht schien allerdings vorhanden, ein erster Kampf war früher wesentlich in dieser Richtung entschieden; aber nach längerer Zeit der Ruhe konnte man immerhin in Zweifel sein, ob eine Erneuerung des Kampfes nicht doch zu entschiedenem Unterliegen der einen oder andern Partei werde führen müssen. Erfolgte aber jetzt nach siebenzehnjährigem Kampfe die Entscheidung in derselben Richtung, hatte sich nach dem Aufwande aller Kräfte von beiden Seiten gezeigt, dass eine Unterwerfung des Pabstthums unter den Willen des Kaisers auf der bisherigen Basis unausführbar, aber auch für das siegende Pabstthum jedes weltliche Recht kaiserlicher Hoheit unantastbar war, so liegt darin meiner Ansicht nach ein so vollgültiges Zeugniss des damaligen Gleichgewichtes beider Gewalten, wie es geschichtliche Thatsachen nur irgend zu geben vermögen. An Streitigkeiten konnte es auch fürderhin nicht fehlen. Blieben aber die Machtverhältnisse dieselben, wie sie es während der bisherigen Kämpfe gewesen, so wäre doch auch nicht wohl abzusehen gewesen, wesshalb jenes Gleichgewicht nicht ein dauerndes, der Ausgang etwaiger weiterer Kämpfe nicht ein entsprechender gewesen sein sollte. Aller Voraussicht nach würde die Scheidung der Gebiete beider Gewalten fortgeschritten sein; je heftiger der Kampf gewesen war, um so mehr musste er die Nothwendigkeit derselben nahe legen. Das seiner kirchlichen Aufgaben mehr und mehr entledigte, aber in seinem Besitzstande und seinen weltlichen Rechten ungeschwächte Kaiserthum würde um so bestimmter auf innere Kräftigung seiner Herrschaft hingewiesen sein, wie sie in andern Reichen mit Glück versucht, auch im Kaiserreiche bereits, wie wir sehen werden, mit Erfolg angebahnt war. Dem in seinen kirchlichen Befugnissen gesicherten Pabstthume würde, wenn nicht der Antrieb, doch wenigstens die Macht gefehlt haben zu Uebergriffen in weltlichen Dingen, wie spätere Zeiten sie reichlich gesehen haben. Dass hier eine Lösung ohne gegenseitige Schwächung oder Aufreibung beider Gewalten nicht hätte im Bereiche der Möglichkeit liegen sollen, vermag ich nicht abzusehen.

Doch darüber mag man denken, wie man will; man mag ein solches Gleichgewicht für genügend erreicht halten oder nicht; jedenfalls klingt es wie ein Hohn auf die dem Frieden folgende, dem Pabstthume so überaus ungünstige Entwicklung der Dinge, von einer erdrückenden päbstlichen Uebermacht zu reden, welcher sich die Staufer durch die Erwerbung Siziliens hätten entziehen müssen. War ein Gleichgewicht, wie ich es annehme, nicht erreicht, so kann als Schlussergebniss nur angenommen werden, dass nach Massgabe der seitherigen Machtgrundlagen das Uebergewicht noch immer auf Seiten des Kaiserthums war.

Es folgen dann freilich Zeiten, wo von einem Gleichgewichte nicht mehr die Rede sein kann, wo zuerst das Kaiserthum unter

Heinrich VI, dann gleich nachher das Pabstthum unter Innozenz
zu ganz erdrückender Uebermacht gelangt. Aber dazwischen liegt
nun auch gerade jene Verschiebung aller bisherigen Machtverhältnisse durch die staufische Herrschaft in Sizilien. Das Streben
eines Innozenz nach päbstlicher Weltherrschaft ist unzweifelhaft
zum grössten Theil hervorgerufen durch die erdrückende Uebermacht des kaiserlichen Königs von Sizilien; jedenfalls war sein
Erfolg wesentlich dadurch bedingt, dass die Rückwirkungen der
sizilischen Ereignisse schon gleich nach dem Tode Heinrichs das
Reich aufs tiefste erschüttert hatten. Diese, nicht die Nachwirkungen des Investiturstreites sind es gewesen, durch welche die
übermächtige Stellung Innozenzs und seiner Nachfolger dem Reiche
gegenüber bedingt war. Erst jetzt war die Möglichkeit päbstlicher
Weltherrschaft gegeben; so hoch wir das Gewicht der Persönlichkeiten anschlagen, dem ungeschwächten Kaiserreiche gegenüber
würde auch ein Innozenz nicht mehr erreicht, kaum mehr erstrebt
haben, als jener Alexander. Aber gerade das, was bei einiger
Gunst der Verhältnisse zu einer Unterwerfung der Welt unter
den Willen des Kaisers hätte führen müssen, hat unter der Einwirkung ungünstiger Wechselfälle die tiefste Zerrüttung des Kaiserreichs und damit die entschiedenste kirchliche Uebermacht zur
Folge gehabt.

Danach wird nun jeder ermessen können, in wie weit in der
Zeit vor der Erwerbung Siziliens von kaiserlicher Ohnmacht und
päbstlicher Uebermacht die Rede sein kann. Der Gegner scheint
es freilich selbst zu fühlen, wie wenig seine Darstellung hier mit
den Thatsachen in irgendwelchen Einklang zu bringen ist; statt
von dem Pabstthume des zwölften Jahrhunderts oder, wenn wir
es nach dem bedeutendsten Träger bezeichnen wollen, dem Pabstthume Alexanders III zu reden, bezeichnet er die Zeit zwischen
dem Investiturstreite und der Erwerbung Siziliens als die Zeit
Gregors VII und Innozenz III und will dadurch ihren massgebenden Charakter bestimmt haben. Nicht in Folge zufälliger Nachlässigkeit; denn dreimal, S. 69. 70. 71, wird dieser Kunstgriff
wiederholt. Hier Gregor zu nennen, das was er erstrebte, für
die folgende Zeit einfach als erreicht zu betrachten, ist gewiss

ein höchst willkürliches, aber dem Gegner auch sonst nicht ganz fremdes Verfahren. Jedes Mass redlicher Polemik muss es aber doch überschreiten, hier auf Innozenz III hinzuweisen gegenüber meiner Darstellung, welche mit solcher Schärfe auf den Erwerb Siziliens als den Wendepunkt, als das Ende eines gesunden Gleichgewichts hinweist. Er fühlt das selbst; noch S. 69 spricht er von der Periode bis ungefähr auf Innozenz, was ihn aber nicht abhält, S. 71 geradezu von den Zeiten Innozenzs zu reden.

Wenn der Gegner glaubte, sich eine so willkürliche Verschiebung der Sachlage erlauben zu dürfen, um den ihm nöthigen Satz von der völligen Ohnmacht des Kaiserthums zu begründen, wenn er glaubte, bei seinen Lesern genügende Gedankenlosigkeit voraussetzen zu dürfen, den Kunstgriff nicht zu durchschauen, so ist das zunächst seine Sache. Die Verschiebung und ihre Absichtlichkeit liegt bei nur geringer Aufmerksamkeit so offen vor, dass der Versuch, meine Ansicht mit solchen Waffen zu bekämpfen, schliesslich nur der angegriffenen Sache zu Gute kommen kann.

Wie soll man aber ein Verfahren bezeichnen, welches sich eine so ganz willkürliche Verschiebung und Verdeckung nicht blos zum Behufe der Vertheidigung der eigenen Ansicht zu Schulden kommen lässt, sondern sich nicht scheut, nun auch mir jene nur in der Einbildung des Gegners existirende Anschauung einer erdrückenden päbstlichen Uebermacht im zwölften Jahrhunderte unterzuschieben, meine Anschauung mit der seinigen zu vertauschen, davon ausgehend mir Hintergedanken zu insinuiren, für welche meine eigene Darstellung keinen Anhalt bietet, und auf solchem Wege meine Ansicht bei einem grossen Theile der Leser zu verdächtigen?

Das aber, und nichts anderes ist der Fall, wenn v. Sybel S. 69 sagt, der Abschnitt unserer Kaiserzeit, welchen ich als durch und durch gesunde Gestaltung, als normales Gleichgewicht bezeichne, sei die Periode von Gregor VII bis ungefähr auf Innozenz III, eben die Periode, in welcher das Pabstthum seinen Anspruch auf Weltherrschaft geltend machte, das Kaiserthum als Reichsregierung neutralisirte und zur Stellung einer fürstlichen Parteiführung erniedrigte, und endlich den überwundenen Erdkreis der eigenen Lenkung unterwarf. Es ist noch bestimmter der Fall, wenn es S. 70 heisst, man werde bald genug erkennen, an welcher Stelle sich für mich der Widerspruch harmonisch auflöse; habe ich doch das Meinige gethan, sie deutlich genug zu bezeichnen, ich, der ich als das organische Gleichgewicht und die normale Gesundheit nichts anderes als das System Gregor VII und Innozenz III verkündige; was zu diesem gesunden Gleichgewichte, oder wie andere Menschen es nennen, zu der päbstlichen Weltherrschaft geführt habe, werde ich loben. Es ist wieder der Fall, wenn S. 71 gesagt wird, dass ich die Zeiten Gregors und Innozenzs als die gesunde Blüthe des deutschen Reichs feiere.

Ich habe bisher geglaubt, dass für eine ehrliche Polemik doch eine gewisse Gränze bestehe, welche wenigstens der Mann der Wissenschaft wissentlich zu überschreiten sich scheuen sollte; wenn nicht aus Rücksicht gegen den Gegner, doch aus Rücksicht gegen sich selbst. Ob ich selbst, wie der Gegner meint, diese Gränze durch Erschleichungen verletzt, seine Rede durch willkürliche Insinuationen ihrer wissenschaftlichen Bedeutung zu berauben gesucht habe, mag jeder Unbefangene nach Massgabe des oben einleitend Bemerkten beurtheilen. Dürfte aber ein Verfahren auf Billigung rechnen, welches zuerst zum eigenen Behufe die Thatsachen verzerrt, dann dieses Zerrbild der Anschauung des Gegners substituirt, um weiter von da aus dessen Motive verdächtigen zu können, so wäre das freilich ein überaus bequemes Mittel, um denjenigen, welcher nicht mit denselben Waffen streiten mag, zum Schweigen zu bringen. Dass wir so weit gekommen sind, glaube ich übrigens nicht; ich denke, dass gewiss auch solche Vertreter der Wissenschaft, welche der Auffassung des Gegners im Allgemeinen näher stehen, als der meinigen, ein Vorgehen in keiner Weise billigen werden, welches man unter den Streitmitteln der mit geschlossenem Visir geführten politischen Zeitungskämpfe als nicht zu beseitigenden Missbrauch hinnehmen mag, welches aber die gewiss allseitig gewünschte Einhaltung von Würde und Aufrichtigkeit bei wissenschaftlicher

Polemik um so ernstlicher gefährden muss, je schwerer auf diesem Felde der Namen dessen wiegt, der sich nicht scheut, dasselbe in Anwendung zu bringen.

Hätte ich in der Beurtheilung der Thatsachen völlig geirrt, wäre in jener Periode wirklich nur eine Zeit kaiserlicher Ohnmacht und päbstlicher Uebermacht zu sehen, so würden die Insinuationen des Gegners um nichts gerechtfertigter erscheinen. War ein durchschnittliches Gleichgewicht, wie ich es annehme, nicht vorhanden, so weise er das nach, wenn er es vermag. Hält er nach dem Gesammteindrucke seiner Schrift beide Gewalten für verderblich, so erkenne ich gerne an, dass er wenigstens beiden mit gleichem Masse gemessen hat. Halte ich, wie die Verhältnisse jener Zeit einmal lagen, beide für unentbehrlich und ihr Gleichgewicht für wünschenswerth, so mag der Gegner S. 63 über den Werth solchen Gleichgewichtes anderer Ansicht sein; aber auch ich habe dann doch nur beiden Gewalten mit gleichem Masse gemessen. Was aber gibt ihm trotzdem das Recht, zu behaupten, dass ich von einem gesunden Gleichgewichte rede, und die päbstliche Weltherrschaft meine? Ich frage den Gegner, wo verkündige ich als Gleichgewicht das System Gregors und Innozenzs, wo feiere ich ihre Zeiten als die gesunde Blüthe des deutschen Reichs? Wenn ich das Gleichgewicht als das wünschenswerthe Verhältniss aufs unumwundenste betone; wenn ich S. 94 ausdrücklich anerkenne, dass es den allgemeineren Interessen nur förderlich war, wenn es eine Kaisergewalt gab, welche hierarchischen Bestrebungen ihre Gränze ziehen konnte; wenn ich wiederholt von Schwankungen des Gleichgewichts rede, wie sie durch Uebergriffe von dieser, wie von jener Seite bedingt waren: wie kann man mir da auch nur mit einem Scheine von Recht insinuiren, dass ich gerade in dem weitesten Uebergreifen von einer Seite, wie es für die ganze von mir behandelte Periode jenes Streben Gregors darstellt, das gesunde Gleichgewicht und nicht eine Verschiebung desselben erkenne? Die Behauptung aber, dass ich als gesundes Gleichgewicht auch noch das System und die Zeit Innozenzs bezeichne, muss meiner den Wendepunkt so scharf betonenden Darstellung gegenüber einfach als eine

Unwahrheit erscheinen, und zwar als eine Unwahrheit, welche ich weder durch Unkenntniss, noch durch Nachlässigkeit irgendwie zu erklären wüsste, von der ich nur annehmen kann, dass der Gegner sich ihrer durchaus bewusst war, als er sie niederschrieb.

Da wäre nun etwa Veranlassung geboten, den zuversichtlichen Ausspruch des Gegners S. 71 zu wiederholen: „Wir bekennen, läge für uns ein Zweifel an der Richtigkeit unserer Auffassung vor, er müsste verschwinden, nachdem wir den Gegner auf solche Auskunftsmittel reduzirt gesehen." Aber das ganz Unzutreffende solcher Entgegnung scheint mir so offen zu Tage zu liegen, ich bin so sehr überzeugt, dass gegen meine Auffassung, so richtig sie mir persönlich erscheinen mag, doch noch so manche wissenschaftliche Gründe geltend gemacht werden könnten, dass ich mir nicht denken mag, ein Historiker so wohlbegründeten Rufes sei auf solche Auskunftsmittel reduzirt gewesen, wenn es ihm in erster Reihe darum zu thun war, meine Annahme in den Augen Sachkundiger zu widerlegen. Sei es nun, dass ihm wirklich hier am entscheidenden Punkte die wissenschaftlichen Gegengründe ganz ausgegangen sind, sei es, dass es ihm genügte, für den grössern, wenn auch nicht urtheilsfähigeren Theil der Leser, auf welche er vorzugsweise rechnen mochte, das richtige Schlagwort hinzuwerfen: ich weiss mir das Einschlagen eines auf so ungegründeten Behauptungen beruhenden Beweisverfahrens lediglich dadurch zu erklären, dass um jeden Preis erwiesen werden sollte, meine ganze Ansicht verdanke schliesslich nur ultramontanem Eifer ihren Ursprung.[1] Dass das

---

[1] Entsprechende Taktik findet sich schon S. 39. Es ist die Rede von der Ansicht, dass die deutsche Herrschaft in Italien gerechtfertigt sei durch die Unfähigkeit der Italiener zu politischer Ordnung, eine Ansicht, welche nochmals gegen die Einwürfe des Gegners zu vertheidigen mir die Erfahrungen der jüngsten Zeit am wenigsten nahe legen konnten. Da heisst es nun: „Es ist, wie man sieht, genau dieselbe Theorie, womit in unsern Tagen die ultramontane und reaktionäre Presse die Fortdauer der österreichischen und klerikalen Missregierung in Italien vertheidigt." Bei der österreichischen Missregierung liegt doch wenigstens eine Gedankenverbindung vor. Dagegen pflegt die ultramontane Presse meines Wissens die Fortdauer der klerikalen Missregierung oder

für den grössten Theil der Leser jeden wissenschaftlichen Gegengrund hundertfach aufwiegt, darin dürfte v. Sybel ganz richtig gerechnet haben. Dass solche Taktik aber auch den Lesern gegenüber, von deren Urtheil doch schliesslich die wissenschaftliche Entscheidung abhängt, genügen würde, wird er selbst kaum angenommen haben. Ich habe nicht darauf gerechnet, dass diese allseitig meiner Ansicht zustimmen würden; ich gebe gern zu, dass hier auch abweichende Meinungen geltend gemacht und mit wissenschaftlichen Gründen belegt werden können; ich möchte nie von vornherein in Abrede stellen, dass ich mich nicht selbst in Folge begründeter Einwendungen Anderer oder fortgesetzter eigener Beschäftigung mit dem Gegenstande von der Nothwendigkeit einer Modifikation meiner Ansicht, mag mir dieselbe jetzt auch noch so richtig scheinen, überzeugen sollte. Darauf glaube ich aber allerdings mit einiger Sicherheit rechnen zu dürfen, dass sich selbst unter den meiner Ansicht abgeneigten urtheilsfähigen Lesern schwerlich viele finden werden, welche der Ansicht sind, dass so unbegründete und unwahre Behauptungen, wie v. Sybel sie in der mir zunächst gewidmeten Polemik vorbringt, zur Beseitigung meiner Ansicht genügen können.

Ich habe es bisher für überflüssig gehalten, die Einwirkung des Investiturstreites auf die Verhältnisse des deutschen Königreiches in den Kreis der Erörterung hineinzuziehen. Denn mir gegenüber geht der Gegner von der Annahme einer schon vor der Erwerbung Siziliens bestehenden kaiserlichen Ohnmacht und päbstlichen Uebermacht aus, und befindet sich da mit den Thatsachen in offenstem Widerspruch. Hätte er sich aber etwa mit der Behauptung begnügt, in Folge des Investiturstreites sei die Grundlage des Kaiserreichs, das deutsche Königthum, so erschüttert gewesen, dass zwar die äussere Machtstellung des Kaiser-

---

der weltlichen Herrschaft des Pabstes anders zu motiviren, vielmehr gerade umgekehrt wohl Gewicht darauf zu legen, dass eben auch die Missstände im Kirchenstaate grossentheils aus der allgemeinen Unfähigkeit der Italiener zu politischer Ordnung zu erklären seien. Für die erwünschte Wirkung der Schlagworte ist es freilich gleichgültig, ob sie passen oder nicht.

thums insbesondere dem Pabstthume gegenüber noch ungebrochen, aber doch damit die Vorbedingung gegeben war für eine schliesslich auch ohne die sizilischen Verhältnisse nicht abzuwendende Uebermacht des Pabstthums, so würde ich allerdings auch das nicht für richtig halten. Aber mir selbst würde es scheinen, dass es nach Massgabe der bisherigen Auffassungen und Darstellungen noch am nächsten liegen würde, von diesem Standpunkte aus die Stichhaltigkeit meiner Ansicht anzugreifen. Und ich zweifle nicht, dass Manchem die hier anknüpfenden Erörterungen des Gegners nicht unbegründet erscheinen mögen, wenn er auch seine bisher erörterten ganz übertriebenen und den Thatsachen völlig widersprechenden Behauptungen nicht für gerechtfertigt hält. Denn blieb die äussere Machtstellung des Kaiserthums noch unerschüttert, so wäre es ja immerhin möglich, dass die Aufrechthaltung derselben nur um den Preis des Ruins des deutschen Staatswesens zu erkaufen, dieser wenigstens demnach nicht erst Folge der sizilischen Wirren war. Um so weniger werde ich mich demnach der Aufgabe entziehen dürfen, auch von diesem Gesichtspunkte aus für die Haltbarkeit meiner Ansicht durch näheres Eingehen einzustehen.

Die Frage wird dahin zu stellen sein, ob dem deutschen Königthume auch nach dem Investiturstreite noch genügende Machtmittel zu Gebote standen, ob die deutsche Königsmacht bis zu den ersten Rückschlägen der sizilischen Wirren im Sinken oder im Steigen war.

Es wird hier vor allem der Punkt genauer ins Auge zu fassen sein, welchen der Gegner besonders betont, die Stellung des deutschen Bisthums zur Krone. Er hebt mit vollem Rechte hervor, dass die Kraft des Königthums wesentlich auf dem Bisthume beruhte. Waren von den Kaisern den Reichskirchen, Bisthümern und Abteien, gewaltige Massen von Gütern und Rechten zugewandt, so waren weniger religiöse, als politische Gesichtspunkte dafür massgebend gewesen. Wem viel gegeben war, von dem konnte auch viel gefordert werden; unter Verwaltung der Kirchenfürsten sollten jene Güter und Rechte vorzugsweise den Zwecken des Reiches dienen. Das Gut der Reichskirchen oder, nach dem

Sprachgebrauche der Zeit, die Reichskirchen selbst wurden denn auch als Reichsgut betrachtet, und das ganze Verhältniss zeigte sich äusserlich am bestimmtesten darin, dass nach dem Tode eines Bischofs die vom Reiche rührenden Temporalien oder Regalien seiner Kirche dem Reiche anheimfielen, es für den Nachfolger einer königlichen Investitur mit denselben bedurfte, um dieselben verwalten zu können. Thatsächlich war nun dieses Investiturrecht ziemlich gleichbedeutend mit einem Ernennungsrechte. Ich sage thatsächlich; denn formell war auch vor dem Investiturstreite den meisten Reichskirchen das freie Wahlrecht urkundlich zugesichert. Aber es wurde das von den Königen thatsächlich nicht beachtet oder es war wenigstens nicht durchführbar, eine Person zu wählen, von der man nicht von vornherein gewiss war, dass der König sie investiren werde. Die Ernennung ging dann bekanntlich vielfach geradezu in einen Verkauf der Bisthümer über; und der Würde des geistlichen Amtes musste das um so mehr Eintrag thun, als die Investitur mit Ring und Stab geschah, also in einer Form, nach welcher es scheinen konnte, es sei das geistliche Amt, welches der König in dieser Weise übertrug.

War so bisher bei der Besetzung der Bisthümer für Beachtung der kirchlichen Interessen gar keine Gewähr geboten, so trat nun Gregor dem einen Extrem mit dem andern des Verbotes der Laieninvestitur entgegen. Und da wird bereitwilligst zuzugeben sein, dass ein solches Verlangen durchaus unbillig war, insofern nicht etwa, wie ja der Gedanke im Verlaufe des Streites wohl zum Vorschein kam, die Kirchen nun auch auf das durch die Investitur Uebertragene verzichten wollten. Blieben die Kirchen im Besitze alles dessen, was ihnen vom Reiche übertragen war, wurde andererseits jeder Einfluss des Königs auf die Bestellung der Bischöfe beseitigt, so war das der härteste Schlag, der die Reichsgewalt treffen konnte. Jener Gedanke der Herstellung eines rein kirchlichen Bisthums mit Aufgeben aller vom Reiche rührenden Güter und Rechte wird allerdings für jene Zeiten als unausführbar leicht erkannt werden. War aber die Doppelstellung nicht zu lösen, so musste ihr von beiden Seiten billige Rechnung getragen werden; das Verbot der Laieninvestitur aber fasst ganz einseitig nur das kirchliche Interesse ins Auge.

So wenig nun aber das Streben Gregors nach päbstlicher Weltherrschaft auch in weltlichen Dingen für die Stellung seiner Nachfolger entscheidend sein kann, so wenig wird uns natürlich auch hier für die spätere Stellung des Königthums zum Bisthume die extremste Forderung der einen Partei massgebend sein dürfen. Es handelt sich einfach um den schliesslichen Ausgang.

Für den Gegner scheint dieser freilich mit jener wesentlich zusammenzufallen, wenn er S. 59 schreibt: „Heinrich V musste im J. 1122 die wesentlichen Zugeständnisse machen, und die letzten Reste des königlichen Einflusses auf die geistlichen Aemter wurden von dessen Nachfolger, K. Lothar II, fast ohne Widerstrehen aufgeopfert. Die Ohnmacht der Reichsgewalt gegenüber den Fürsten und die Erhebung des Pabstes über das Kaiserthum war damit entschieden."

Dass v. Sybel einen solchen Ausgang nöthig hatte, sollte das, was er über die Stellung der deutschen Königsgewalt im zwölften Jahrhunderte sagt, nicht in der Luft schweben, ist richtig. Völlig unrichtig aber, dass der Ausgang des Kampfes nach dem jetzt eintretenden thatsächlichen Zustande oder auch nur nach dem Wortlaute der Abkommen wirklich ein solcher gewesen sei.

Wer ohne über diese Verhältnisse genauer unterrichtet zu sein die Darstellung des Gegners liest, wird daraus doch wohl zunächst schliessen, dass das Hauptobjekt des Streites, die Investitur der Reichsbischöfe und Aebte, durch Heinrich oder Lothar aufgegeben sei. Gerade das Gegentheil war der Fall. Zu Gunsten des deutschen Kaisers wurde eine ausdrückliche Ausnahme von dem allgemeinen Kirchenverbote der Investitur der Bischöfe und Aebte durch Laien von der Kirche nach langem Sträuben zugestanden; es wurde weiter ausdrücklich bestimmt, dass alle aus der Investitur folgenden Ansprüche des Kaisers an die Reichskirchen ungeschmälert fortbestehen sollten. Geändert wurde lediglich die Form; nicht mit den Zeichen der geistlichen Würde, sondern mit dem königlichen Szepter sollte die Investitur erfolgen.

Und ich denke, man hat desshalb bisher nicht ganz unrichtig die Sache so aufgefasst, dass das Reich in der Sache, die Kirche in der Form den Sieg errang.

Blieb die Investitur dem Reiche gewahrt, während die vom Kaiser zugestandene kanonische Wahl schon früher durchweg zu Rechte bestand, so ist hier anscheinend der rechtliche Zustand gar nicht geändert. Ich gebe nun bereitwilligst zu, dass das formelle Recht hier weniger entscheidet, als die thatsächliche Uebung, dass aber thatsächlich der Kaiser vor dem Investiturstreite die Bischöfe ernannte. Nur wird der Gegner es billig finden, nun auch die nachfolgende Zeit nicht lediglich nach dem Wortlaute der Konzessionen Heinrichs und Lothars, obwohl schon diesem gegenüber seine Darstellung unhaltbar ist, sondern auch nach der thatsächlichen Gestaltung zu beurtheilen. Gehen wir auf beide ein und fragen, ob durch die neue Entwicklung die Ansprüche des Reichs genügend gewahrt erscheinen oder nicht.

Das Investiturrecht war früher thatsächlich in ein Ernennungsrecht, dann in Verkauf der Bisthümer übergegangen. Auf diesen letztern, auf die Simonie, wurde bestimmt verzichtet und sie hat sich, wenn sie auch später nicht ganz fehlte, doch in der früheren Weise nie mehr geltend machen können. Ich denke, nicht blos zum Vortheile der Kirche, sondern eben so sehr zum Vortheile des Reichs. Wenn das Reichsoberhaupt die wichtigsten Reichsämter nicht dem für die Vertretung der Reichsinteressen Befähigtsten, sondern dem Reichsten gibt, so mag das augenblicklichen und persönlichen Interessen des Herrschers und seiner gleichfalls zu erkaufenden Räthe entsprechen. Aber die Behauptung wird kaum Widerspruch finden, dass das Reich selbst nur gewann, wenn der Missbrauch aufhörte.

An die Stelle der thatsächlichen Ernennung durch den Kaiser sollte nun die Wahl treten. Von einer unmittelbaren Einflussnahme des Pabstthums war also überhaupt nicht die Rede. Aber es kann sich fragen, war vielleicht trotzdem zu erwarten, dass durch die Wahl ein einseitig kirchlich gesinntes Reichsbisthum entstand, welches bereit war, bei einem Konflikte die Interessen des Pabstes denen des Kaisers und des Reichs voranzustellen.

Da ist doch zunächst zu beachten, dass die Wahlen nicht durch eine Körperschaft erfolgten, welche wir von vornherein als eine vorwiegend kirchlichen Gesichtspunkten folgende betrachten dürfen. Auf die Kapitel der Hauptkirche war die Doppelstellung des Bisthums selbst vollkommen übergegangen. Bei Aebten und sonstigen zugezogenen geistlichen Würdenträgern mögen wir eine vorwiegend kirchliche Richtung voraussetzen. Dafür hatte das weltliche Element wieder seine Vertretung im Stiftsvogte, den Ministerialen und anderen Laien. Dass solche Körperschaften vorwiegend von den Gesichtspunkten päbstlicher Politik sich hätten bestimmen lassen, ist von vornherein nicht zu erwarten. Dass es thatsächlich nicht der Fall war, lehrt die Geschichte der Wahlen des zwölften Jahrhunderts. Der Gegensatz von kaiserlich und päbstlich kommt hier überhaupt nur selten zum Durchbruche. Von den grossen Stühlen ist es nur Salzburg, wo sich ein Ueberwiegen des allgemeinern kirchlichen Gesichtspunktes bei den Wahlen dauernd verfolgen lässt. Kam es sonst zu Konflikten mit den Interessen des Reichs, so ergibt sich auch durchweg, dass es weltliche Sonderinteressen des Stifts oder einzelner grosser Familien waren, welche der genügenden Beachtung jener im Wege standen.

Es hätte nun freilich auch eine solche Richtung der Wahlen für das Reich sehr bedenkliche Folgen haben können. Dem vorzubeugen standen aber unzweifelhaft nach wie vor dem Kaiser genügende Mittel zu Gebote. Die im Konkordate vom Pabste zugestandene Anwesenheit des Kaisers bei der Wahl, das Folgen der Konsekration auf die Investitur wenigstens bei den deutschen Bischöfen kam thatsächlich gewiss dem Zugeständnisse eines Ernennungsrechtes ziemlich gleich. Beides ist freilich von Lothar aufgegeben. War nun trotzdem wohl zu erwarten, dass man, wenn man nicht etwa bereits in offener Opposition stand, es wagen würde, einen dem Kaiser nicht Genehmen zu wählen und zu konsekriren, wenn jenem die Investitur blieb? wurde denn diese dadurch zu blosser Form? sollte man sich der Gefahr aussetzen, dass der Kaiser die Investitur weigerte, dass man einen Bischof hatte, welcher der kirchlichen Pflichten seines Amtes warten mochte, aber über das weltliche Stiftsgut nicht verfügen, keinen seiner Vasallen belehnen durfte, dass damit die weltlichen Verhältnisse des Stifts und der Stiftsmannen in eine ganz unerträgliche Lage geriethen? Sogar die Salzburger Kirche war trotz strengsten Festhaltens an ihrer kirchlichen Richtung wenigstens bedacht, solche Personen zu wählen, welchen die Investitur zu verweigern für den Kaiser besonders misslich erscheinen musste; wenn er es dennoch that, so hat sich dort auch genugsam gezeigt, was eine solche Verweigerung zu bedeuten hatte. Selbst der bereits investirte Bischof war ja der Reichsgewalt in keiner Weise entrückt; die geliehenen Regalien konnten ihm auf Spruch der Fürsten auch wieder entzogen werden. Und in dieser Richtung dürfte wohl zu beachten sein, dass gerade erst in dieser Zeit sich eine strengere Auffassung der Investitur Bahn brach, dieselbe als eine eigentliche Belehnung betrachtet wurde, der Kaiser sich nicht mehr mit dem früheren Treuschwure begnügte, sondern auch von den Bischöfen Lehnshuldigung verlangte und erhielt, wie von seinen weltlichen Vasallen; dass erst jetzt das Bisthum ganz in den Kreis des Lehnsstaates hineingezogen, seine Stellung zum Reiche der ganzen Strenge des Lehnrechts unterworfen wird. Ein Zeichen schwindenden Einflusses des Königthums scheint mir das kaum zu sein.

Damit soll nun keineswegs gesagt sein, dass die Folge der Investitur auf die Konsekration, wie Lothar sie zugab, den Einfluss des Kaisers nicht wesentlich minderte. In der Verweigerung der Investitur stand ihm wohl ein letztes Mittel gegen durchaus missfällige Wahlen zu Gebote. Aber doch nur ein solches, dessen häufigere Anwendung zu ganz unhaltbaren Zuständen führen musste, welches eine unmittelbare Beeinflussung der Wahlen ausschloss. Aber thatsächlich ist ja jene Konzession nicht in Kraft geblieben. Nicht einmal Lothar selbst hat sie streng eingehalten; spätere Kaiser haben sie nicht anerkannt. Der Punkt blieb streitig; nicht einmal im Frieden von Venedig hat der Kaiser ein bestimmtes Zugeständniss gemacht. Auf Grundlage der Thatsachen aber hat sich im Laufe des zwölften Jahrhunderts die Nothwendigkeit der vorhergehenden Belehnung wieder zu einem ganz feststehenden Rechtssatze ausgebildet, wie er im Sachsenspiegel ausdrücklich ausgesprochen ist. Wer annimmt, dass hier durch Lothar zu viel vergeben war, wird wenigstens zugestehen müssen, dass es dem Königthume des zwölften Jahrhunderts nicht an der Kraft gebrach, sich solcher Beschränkungen wieder zu entledigen.

Einem überaus wichtigen Zugeständnisse des Konkordats für den Kaiser hat aber auch Lothar nicht entsagt, dem der Entscheidung streitiger Bischofswahlen. Dass aber gerade hier für die thatsächliche Entwicklung das Hauptgewicht lag, ergibt sich leicht, wenn wir beachten, wie häufig solche Wahlen im zwölften Jahrhunderte waren, wie oft der Kaiser wirklich den Ausschlag gab. Es ist das nicht Zufall. Der Kaiser, welcher Mitglieder aller Kapitel unter Beibehaltung ihrer Pfründe in seine Kanzlei ziehen durfte, dessen Kanzler und Notare durchweg zugleich hohe Würdenträger in mehreren Kapiteln waren, welcher über so viele Mittel zur Gewinnung und Belohnung von Anhängern verfügte, konnte natürlich an den meisten Reichskirchen auf eine Partei rechnen, stark genug, um, wenn sie die Wahl des vom Kaiser befürworteten Kandidaten nicht durchsetzen konnte, wenigstens die einstimmige Wahl eines Gegners verhindern zu können. Und war der Kaiser, wie überall, bei solchen Entscheidungen an einen Spruch der Reichsfürsten gebunden, war in solchen Fällen, wie auch das Konkordat es will, das Fürstengericht aus den nächstbetheiligten geistlichen Fürsten zu bilden, so hätte darin nur dann eine wesentliche Beschränkung des kaiserlichen Einflusses liegen können, wenn das Bisthum im allgemeinen dem Kaiser so entschieden gegenüber gestanden hätte, dass auf diesem Wege auf einen ihm willkommenen Spruch nicht hätte gerechnet werden dürfen. Und wann wäre das der Fall gewesen? Wie oft haben denn andererseits die Versuche des Pabstes Erfolg gehabt, durch Ertheilung oder Versagung des Pallium eine dem Willen des Kaisers zuwiderlaufende Besetzung der erzbischöflichen Stühle herbeizuführen?

Erwägen wir so die Tragweite der den Investiturstreit abschliessenden Konzessionen Heinrichs und Lothars, so werden wir sagen müssen, es wurden dadurch Missbräuche beseitigt, welche so wenig mit dem Interesse des Reichs, als dem der Kirche vereinbar waren; die Bisthümer einfach verkaufen konnte der Kaiser nicht mehr. Es wurden Konzessionen an die Kirche gemacht, welche der geistlichen Seite des Bisthums gewiss nur in bescheidener Weise zu ihrem Rechte verhalfen, weniger, als das in andern Reichen der Fall war. Von einem gänzlichen Aufhören des königlichen Einflusses auf die Besetzung der geistlichen Aemter, wie der Gegner meint, kann nicht die Rede sein; noch weniger davon, dass ein päbstlicher Einfluss an seine Stelle getreten wäre. Die Sache stand vielmehr so, dass der Kaiser allerdings die Bischöfe nicht mehr ernannte, dass er aber in den meisten Fällen auf die Wahl des von ihm befürworteten Kandidaten rechnen konnte, dass ihm jedenfalls nur in Einzelfällen die Mittel fehlten, die Wahl einer ihm nicht genehmen Person zu hintertreiben, und dass es auch dann noch in seiner Hand lag, einem wider seinen Willen gewählten und konsekrirten Bischofe die Belehnung mit den weltlichen Rechten seiner Kirche vorzuenthalten.

So standen die Sachen nach den den Investiturstreit abschliessenden Konzessionen, von denen v. Sybel sagt: „Die Ohnmacht der Reichsgewalt gegenüber den Fürsten und die Erhebung des Pabstthums über das Kaiserthum war damit entschieden." Nun, vielleicht ist es nur das Gewicht der nun folgenden thatsächlichen Gestaltung, welches ihn verleitete, jenen Konzessionen solche Tragweite beizulegen; es wird der ihm vorschwebenden päbstlichen Uebermacht des zwölften Jahrhunderts gelungen sein, die Rechte, welche dem Kaiserthume nach den Verträgen noch geblieben waren, thatsächlich nicht zur Geltung kommen zu lassen, durch seine Partei die deutschen Kirchenstühle mit Männern zu besetzen, welche nur des Winkes von Rom warteten, um den Resten der Reichsgewalt den Gnadenstoss zu geben. Wir würden dem Gegner Unrecht thun, wenn wir annähmen, er habe ganz übersehen, wie gerade das Gegentheil der Fall war; es kommt das S. 66 in freilich sehr bescheidener Weise zum Durchbruche: „Die Mehrzahl der deutschen Bischöfe, die sich noch nicht in das neue päbstliche System gefunden hatte, unterstützte den Kaiser eben so bereitwillig gegen Rom, wie gegen die Lombarden." Es hätte sich doch wohl verlohnt, sich zu fragen, wesshalb denn die Bischöfe sich noch nicht in das päbstliche System gefunden? Und auch der Gegner würde schwerlich auf eine andere Antwort gelangt sein, als die, dass trotz aller jener den kaiserlichen Einfluss vernichtenden Konzessionen fast nur erprobte Anhänger des Kaisers auf die Bischofsstühle kamen, sei es durch ein gewiss sonderbares Spiel des Zufalls, sei es, weil die Sachen eben ganz anders lagen, als er sie sich denkt. Es ist ein für den Gegner recht misslicher, aber einmal nicht abzuläugnender Umstand: gegen Anmassungen und Eingriffe der Kirche standen die Bischöfe Friedrichs I wie ein Mann zu Kaiser und Reich. So im Beginne seiner Regierung; so aber auch nach dem Frieden von Venedig, nach dem Obsiegen des Pabstes in den allgemeinen kirchlichen Angelegenheiten; als dieser zu Gunsten der Bischöfe Forderungen an den Kaiser stellte, fand er sich in der Erwartung getäuscht, wenigstens jene selbst auf seiner Seite zu sehen. Und sogar beim entschiedensten Vorgehen gegen die Kirche, wo es sich nicht mehr um den Einfluss auf die Reichskirchen, sondern um die Besetzung des päbstlichen Stuhles nach kaiserlicher Willkür handelte, folgte dem Kaiser der grösste Theil der Bischöfe, andere suchten sich neutral zu halten, nur wenige versuchten Widerstand. Nun werden diese letztern doch wenigstens solche sein, welche in Folge jener leidigen Konzessionen wider den Willen des Kaisers durch päbstlichen Einfluss ihre Würden erhielten? Nicht einmal das lässt sich behaupten. Ich erinnere an jenen Konrad, aus dem dem Kaiser so sehr ergebenen Hause der Wittelsbacher; wie gelangte denn dieser eifrigste Vorkämpfer des Pabstes zum Erzstuhle von Mainz? Es war im Lager vor Mailand, wo der Kaiser zwei in Zwiespalt Erwählte verwarf und von gerade anwesenden Mainzer Prioren den Wittelsbacher wählen liess oder ihn, wie andere Quellen sich kürzer ausdrücken, zum Erzbischofe ernannte. Und jener Philipp von Köln, der in spätern Jahren fast allein auf Seiten des Pabstes stand? Kanzler des Kaisers, hatte dieser keinen ergebeneren Anhänger gewusst, welchen er dem Kölner Kapitel zur Wahl hätte empfehlen können. Wenn es so mit den Gegnern des Kaisers stand, wird es da noch nöthig sein, im einzelnen nachzuweisen, welchem Einflusse seine immer treuen Anhänger ihre Bischofssitze verdankten?

Wie gesagt, diese Verhältnisse scheinen dem Gegner wenigstens in so weit nicht ganz unbekannt gewesen zu sein, als er weiss, welche Stellung die deutschen Bischöfe unter Friedrich I einnahmen. Aber wie gross muss er sich denn die Gedankenlosigkeit seiner Leser gedacht haben, wenn er solcher Sachlage gegenüber zu behaupten wagt, in Folge des Investiturstreits sei der letzte Rest des kaiserlichen Einflusses auf das deutsche Bisthum und in Folge dessen die Ohnmacht der Reichsgewalt entschieden gewesen, während er selbst wenige Blätter weiter dieses Bisthum den Kaiser aufs bereitwilligste gegen Rom unterstützen lässt? Je schärfer der Gegner diesen Punkt betont, je bestimmter er seine Annahme einer ohnmächtigen Königsgewalt durch ihn zu begründen sucht, um so sicherer wird doch auch nach diesem Punkte zu bemessen sein, wie es mit seiner Begründung überhaupt bestellt ist.

Später freilich, da ist das alles anders; und zufällig gerade nach jener so legalen Erwerbung Siziliens und der dadurch herbeigeführten Zerrüttung der Reichsverhältnisse. Da ist freilich nur noch Rede von freier kanonischer Wahl der Kapitel ohne Einflussnahme des Kaisers und der Laien; nur dass Friedrich II im sizilischen Erbreiche seinen Einfluss zu behaupten suchte und dadurch nicht wenig zum Eintreten der Katastrophe beitrug. Da überbieten sich nun freilich die Könige in Konzessionen an Päbste und Bischöfe; da machen nicht mehr die Könige ihre Kanzler zu Bischöfen, sondern gewinnen die Bischöfe, indem sie sie zu Kanzlern machen; da suchen nicht mehr die Kirchen die Gunst des Königs durch Wahl seiner Günstlinge zu erlangen, sondern der König die der Kirchen durch Begünstigung ihrer Bischöfe. Wir werden das nicht weiter ausführen dürfen. Seit das Bisthum nicht mehr vor allem kaiserlich war, wurde es desshalb nicht gerade vorzugsweise päbstlich, obwohl freilich eben seit Innozenz III die Einflussnahme des Pabstthumes auf die Bestellung der Bisthümer bedeutenden Spielraum gewann. Wie in allen deutschen Verhältnissen ging es auch hier; das deutsche Bisthum wurde nun vor allem landesfürstlich; nach Massgabe von Sonderinteressen erhoben, ist das Streben der Bischöfe den grossen Zeitbewegungen nur noch wenig zugewandt; von der Centralleitung der Reichsangelegenheiten mehr und mehr zurücktretend, verlieren nun auch sie die umfassenderen Gesichtspunkte, konzentrirt sich ihre Thätigkeit auf das Privatinteresse ihrer Stifter.

Da das Hauptargument, woraus der Gegner die völlige Ohnmacht des Königthums der ersten Staufer herleiten will, sich als durchaus unhaltbar erweist, er aber auf andere hier massgebende Momente der Entwicklung der deutschen Verfassung kaum näher eingeht,[1] so würde ich mich ihm gegenüber mit dem Gesagten begnügen dürfen. Doch füge ich noch Einiges hinzu zum weiteren Belege, dass dieses Königthum nichts weniger, als ein wesenloser Schemen war, dass die königliche Gewalt nach allen Seiten hin in entschiedenem Steigen war, dass trotz der Kaiserwürde, trotz Italien und Burgund keine Monarchie gegründetere Aussichten auf Befestigung einer starken Königsgewalt hatte, als die deutsche, dass diese Aussichten erst schwanden, als das dem Reiche fremde Sizilien massgebend für die Thätigkeit unserer Herrscher wurde.

Was in dieser Periode in seinen Folgen dem deutschen Königthume überaus verderblich hätte werden können, waren

---

[1] Er begnügt sich S. 68 mit der Anmerkung, wie es einen beinahe drolligen Beweis für die Trefflichkeit dieser Verfassung gebe, dass trotz meiner eingehenden Untersuchungen auch heute kein Mensch mit Sicherheit wisse, wer zu der höchsten, der regierenden Klasse der Fürsten im Reiche gehört habe. Ob ich ihm da nicht vielleicht doch genügendere Aufklärung zu geben vermöchte, ist gleichgültig; mag es richtig sein, dass niemand das heute weiss. Denn trotzdem scheint mir das Drollige bei der Sache doch ganz in einer Beweisführung des Gegners zu liegen, welche das Vorhandensein genügender Verfassungsbestimmungen im zwölften Jahrhunderte davon abhängig machen will, ob er oder ich oder sonst jemand heute nach sechshundert Jahren noch genauere Kenntniss davon hat.

meiner Ansicht nach viel weniger die Beziehungen zur Kirche und zu Italien, als der kurz nacheinander eintretende Mangel eines Thronerben beim Tode Heinrichs V und Lothars. In zweifacher Richtung hätte das die bedenklichsten Folgen haben können.

Einmal dadurch, dass man sich zu sehr an freie Wahlen hätte gewöhnen können. Das althergebrachte System des erblichen Wahlreichs vereinigte in sich den Keim zu ganz entgegengesetzter Entwicklung; von dem Einflusse der Wechselfälle musste es abhängen, ob es sich zum unbedingten Erbreiche, wie in Frankreich, oder zum unbedingten Wahlreiche, wie später in Deutschland herausbildete. In so weit fiel auch bisher in Deutschland das Hauptgewicht auf die Erblichkeit, als dem Sohne unzweifelhaft ein nicht zu umgehender Anspruch auf die Wahl zugesprochen wurde. Schon der Investiturstreit würde hier grosse Gefahr gebracht haben, wenn die freigewählten Gegenkönige den Platz behauptet hätten. Bekanntlich war das nicht der Fall; dass man später nur noch den Sohn dem Vater entgegenzustellen wagte, zeigt, wie tief doch die Anschauung des Erbrechtes gewurzelt war. Jetzt wurden zwei ganz freie Wahlen nöthig; selbst die Friedrichs I entsprach nicht ganz dem alten Herkommen, da ein unmündiger Königssohn übergangen wurde. Aber niemand wird doch in Abrede stellen, dass die Anschauung des Erbrechts des Sohnes, welches genügen konnte, so lange auch in den Fürstenthümern nur der Sohn Anspruch auf die Belehnung hatte, noch durchaus genügend befestigt war. Heinrich VI misslang allerdings sein Plan, das Reich unbedingt erblich zu machen. Aber es handelte sich dabei nicht, wie der Gegner S. 71 meint, um eine Wiederherstellung der Erblichkeit der Krone. So weit diese überhaupt bestanden hatte, bestand sie noch; was Heinrich nach deutschem Herkommen verlangen konnte, wurde auch ihm nicht verweigert, sein Sohn bei seinen Lebzeiten als Nachfolger anerkannt. Es handelte sich vielmehr, und das wird hier wohl zu beachten sein, um die Ausdehnung der unbedingten, selbst Weiber nicht ausschliessenden sizilischen Erbfolgeordnung auf das Reich und die dadurch ermöglichte Vereinigung Siziliens mit dem Kaiserreiche. Wie aber das Misslingen dieses Planes und die Verbindung des staufischen Hauses mit Sizilien überhaupt es waren, welche den entscheidendsten Wendepunkt der deutschen Geschichte, die Willkürwahl K. Ottos im J. 1198 wesentlich herbeiführten, eine rasche Beendigung des Thronstreites hinderten, werde ich nicht auseinandersetzen dürfen; eben so wenig näher nachweisen, wie selbst unter den spätern Staufern unzweifelhaft die Erblichkeit sich wieder genügend befestigt haben würde, hätten nicht ihre Erbansprüche auf Sizilien und das dadurch bedingte Widerstreben der Päbste das verhindert.

Für die nächste Zeit schien eine andere Folge jener Todesfälle bedenklichern Einfluss zu gewinnen. Das reiche, salische Eigen kam nach dem Tode Heinrichs an die Staufer als landrechtliche Erben; zum Nutzen des Reichs, wenn dieses Geschlecht auch zur Krone gelangte; war das zunächst nicht der Fall, so gab es nur die Mittel zum Widerstande gegen die Reichsgewalt. Nun wiederholte sich Aehnliches beim Tode Lothars; sein Erbe rundete die ohnehin schon bedeutenden sächsischen Besitzungen des welfischen Baiernherzogs ab, welcher zudem vom Könige mit dem sächsischen Herzogthume belehnt war. Neben dem staufischen Königshause stand so ein Fürstenhaus im Reiche, weit über jedes andere hervorragend, über die Mittel gebietend, um unter günstigen Verhältnissen den Kampf gegen die Krone oder um die Krone aufnehmen zu können. In dieser Rivalität zweier übermächtiger Häuser, von denen doch nur eines den ersten Platz einnehmen konnte, in diesem Dualismus, welcher den Reichsverhältnissen bis dahin fern geblieben war, lag damals unzweifelhaft die bei weitem grösste Schwierigkeit für eine gedeihliche Weiterentwicklung des deutschen Königthums.

Der Gegner scheint es Friedrich I insbesondere zum Vorwurfe zu machen, dass er hier nicht sogleich Hand anlegte, die welfische Macht nicht brach, sondern die Ansprüche Heinrichs auf Baiern, allerdings nicht ungeschmälert, anerkannte, ihn auch weiterhin sehr schonend behandelte; er scheint danach vorzugsweise die Stellung Friedrichs zum Fürstenthume zu bemessen. Aber es fragt sich doch sehr, ob Friedrich, auch wenn er von Italien ganz hätte absehen wollen, hier zunächst hätte anders handeln können und dürfen. Es kann sehr lästige Verhältnisse geben, welche aber doch der mächtigste König willkürlich zu beseitigen Anstand nehmen wird, so lange ihm ein rechtlicher Anhaltspunkt fehlt. Und die Ansprüche Heinrichs auf Baiern waren im Fürstengerichte mehrfach als begründete anerkannt. So lange aber für den Kaiser der rechtliche Anlass zu gründlicher Beseitigung desselben fehlte, mochte es nur staatsklug sein, den mächtigen Rivalen möglichst zu schonen. Dass die italienische Politik hier vielfach bestimmend einwirkte, mag sein; aber doch schwerlich in der Weise, wie man häufig anzunehmen geneigt ist; wie hätte sonst ein Kaiser, welcher bereit gewesen wäre, Erfolge in Italien durch jede Konzession an das deutsche Fürstenthum zu erkaufen, sich irgend besinnen sollen, die eine Reichsstadt Goslar zu opfern, wenn er dadurch die entscheidende Hülfe des Herzogs von Sachsen und Baiern hätte gewinnen können?

Ob in jedem Einzelfalle die Politik Friedrichs die angemessenste war, haben wir nicht zu untersuchen; es handelt sich darum, ob die Macht des deutschen Königthums noch unerschüttert war. Und das werden wir nicht danach zu bemessen haben, ob es dem Könige freisteht, nach Belieben und Willkür ohne Achtung des hergebrachten Rechts im Reiche zu schalten; sondern danach, ob ihm die Mittel zu Gebote stehen, das verletzte Recht auch an dem Mächtigsten zu sühnen. Je grösser die Macht des Welfen mit oder ohne Verschulden Friedrichs geworden war, um so höher müssen wir die Kraft eines Königthums anschlagen, welchem es gelang, sie dennoch von Grund aus zu brechen.

So lagen allerdings im zwölften Jahrhunderte Verhältnisse vor, welche der Macht des deutschen Königthums hätten gefährlich werden können. Aber es zeigt sich ihnen vollkommen gewachsen. Der überwiegende Einfluss auf das Bisthum, die herkömmliche Erblichkeit der Krone beim Vorhandensein einer Reihe von Söhnen, die Zertrümmerung der einzigen übermächtigen Fürstengewalt im Reiche, lassen das deutsche Königthum unter Friedrich I zu einer Stärke gelangen, wie dieselbe kaum je früher vorhanden war.

Es ist sehr bezeichnend, dass der Sturz Heinrichs des Löwen, dieses auffälligste Zeugniss für die deutsche Machtstellung des Kaisers, für den Gegner nicht vorhanden zu sein scheint, dass derselbe S. 66 wohl bemerkt, dass der Kaiser Heinrich eine königsgleiche Macht gegeben habe, aber wenigstens hier ganz vergisst hinzuzufügen, dass derselbe Kaiser sie ihm auch wieder genommen habe. Es würde das freilich auch gar zu störend auf eine Darstellung einwirken, in welcher es von Friedrich heisst: „Fassen wir alles zusammen, so hatte der Kaiser auf gebietende Herrschaft in Deutschland verzichtet; er war zufrieden, wenn die thatsächlich beinahe souveränen Fürsten als dankbare Alliirten seine sonstigen Entwürfe unterstützten. Er war nur noch dem Namen nach ein deutscher König, in Wahrheit aber nichts weiter, als der Führer einer möglichst starken Fürstenpartei."

Ist es nun nöthig, ein solches Zerrbild, erfunden um der dem Gegner einmal unentbehrlichen Ohnmacht des deutschen Königthums der ersten Staufer zur Stütze zu dienen, ernsthaft zu widerlegen? Ist das jener Friedrich, welcher den Rheinpfalzgrafen zum Hundetragen verurtheilt, dem Pfalzgrafen von Tübingen wegen Landfriedensbruch die Wahl zwischen Gefangenschaft und Verbannung lässt, welcher die von ihm selbst anerkannten Ansprüche des Herzogs von Zähringen mit kärglicher Abfindung auf die Seite schiebt, welcher nach seinem Belieben über den böhmischen Herzogshut verfügt? Erkennen wir darin den Kaiser wieder, welcher, seiner harten Massregeln gegen die päbstlich gesinnten Kirchenfürsten gar nicht einmal zu gedenken, dort einen Bischof empfindlich straft, weil er sich unterfängt, vor erhaltener Investitur selbst zu beleihen, hier die Temporalien von Bischöfen für den Fiskus einziehen lässt, weil sie der Reichsheerpflicht nicht genügten? Wer von den Fürsten durfte es denn wagen, ihm zu trotzen? Heinrich der Löwe? Ja freilich; aber das Ende hat die Last getragen. Philipp von Köln? Nun man weiss, wie er ohne den Ruf aus dem Morgenlande schwerlich dem Loose des Welfen entgangen wäre. Wo finden wir eine Fehde, bei welcher nicht schliesslich beide Parteien der Entscheidung des Kaisers sich unterwarfen? Hat etwa schon der erste Friedrich durch das Gut des Reiches sich die Fügsamkeit der Fürsten erkaufen müssen? Ich denke, das Reichsgut war unter ihm eben so rasch im Steigen, als es dann später rasch verschleudert wurde Hat etwa schon er seinen italienischen Planen zu Liebe die nördlichen und östlichen Gränzen Deutschlands blossgestellt? Sein Vorgehen gegen Dänen und Polen scheint nicht dafür zu sprechen.

Wenn der Gegner für das zwölfte Jahrhundert in Deutschland von „thatsächlich beinahe souveränen Fürsten" spricht, so muss sich das, wenn es nicht eben die reine Willkür ist, auf Entdeckungen stützen, welche doch der gelehrten Welt nicht länger vorenthalten werden sollten. Ich denke, man hat bisher nicht ohne Grund zwischen Souveränität und Landeshoheit unterschieden und auch nach erlangter Landeshoheit die Fürsten noch nicht für beinahe souverän gehalten. Und von wo ab datirte man bisher denn auch nur die Landeshoheit der deutschen Fürsten? Ich meine, man nahm etwa an, die auf die sizilische Erwerbung folgenden Thronstreitigkeiten hätten das Fürstenthum in dieser Richtung so gestärkt, dass immerhin sein Sieg noch nicht entschieden sein mochte, dass es aber jedenfalls der ganzen Kraft eines vor allem Deutschland ins Auge fassenden Herrschers bedurft hätte, um die drohende Entwicklung abzuwenden. Man nahm meines Wissens weiter an, dass es die sizilische Politik K. Friedrichs II gewesen sei, in deren Interesse er nicht allein diesen Dingen in Deutschland ihren freien Lauf liess, sondern durch jene grossen Gunstbriefe für die Fürsten dem Streben nach Landeshoheit eine gesetzliche Grundlage schaffte, von der aus dann die überdies durch das Interregnum geförderte Vollendung leicht zu erreichen war. So viel mich dieser Gegenstand beschäftigt hat, ich habe bisher keinen Grund gefunden, von jener gewöhnlichen Annahme abzugehen. Will v. Sybel diese Entwicklung ein Jahrhundert zurückdatiren, so wird es seine Sache sein, das zu begründen.

Ich meinerseits weiss keinen Zeitpunkt unserer Geschichte, wo das Königthum dem Fürstenthum gegenüber so vortheilhaft gestanden hätte, als in den spätern Jahrzehnten des zwölften

Jahrhunderts. Es ist ganz richtig, dass es schon während des Investiturstreites scheinen konnte, als werde das Fürstenthum der Krone den Rang ablaufen, wobei aber freilich wohl zu beachten ist, dass es sich nicht so sehr, wie später, um eine selbstständige Stellung der einzelnen Fürsten handelte, als um ein Uebergewicht des gesammten Fürstenthums oder mächtiger fürstlicher Parteien. Auch die auf den Ausgang der salischen Dynastie folgenden Thronstreitigkeiten mochten in dieser Richtung das Königthum noch mannichfach hindern. Aber mit der Befestigung des staufischen Hauses auf dem Throne stellte sich bald nicht allein ein Gleichgewicht, sondern ein entschiedenes Uebergewicht wieder her.

Von einem Stammherzogthume, jenem so überaus bedenklichen Momente in der frühern deutschen Verfassung, war nicht mehr die Rede. Das einzige, welches den Namen noch etwa verdiente, wo allein, insbesondere wegen der Erwerbung der welfischen Lande, sich von einer festern Wiederfügung gegenüber früherer Zersetzung reden liesse, das Herzogthum Schwaben, war in den Händen des Königshauses. Baiern, das mächtigste und von jeher am einheitlichsten gestaltete Herzogthum, war aufgelöst durch die Anerkennung seiner Marken als eigener Herzogthümer, durch die Anerkennung der herzoglichen Stellung des andechsischen Hauses. In Sachsen war den Versuchen, eine ähnliche Macht zu gründen, aufs bestimmteste ein Ende gesetzt. Das mächtige böhmische Herzogthum wurde durch die Anerkennung Mährens als reichlehnbaren Fürstenthums geschwächt. Es gab keinen deutschen Fürsten, welchem der Kaiser nicht schon als blosser Territorialherr weit überlegen gewesen wäre, keinen Fürstensprengel, welcher den Umfang des jetzigen Baiern erreichte, den anderer Mittelstaaten wesentlich überschritt.

Es ist richtig, dass die Fürsten nicht mehr, wie einst, blosse Beamte der Krone waren, dass das Amt zum erblichen Lehen geworden, dass die unmittelbare Einwirkung des Königthums auf die einzelnen Reichstheile durch das Durchdringen der Verfassung mit lehnrechtlichen Anschauungen vielfach behindert war. Wir wollen nicht untersuchen, in wie weit nicht doch die strengen Satzungen des deutschen Lehnrechts dem Könige auch wieder

manches gestatteten, was die ältere Verfassung ihm versagte.
Aber es wird genügen, für den nächsten Zweck einfach darauf
hinzuweisen, dass so weit hier eine Schwäche lag, das Fürstenthum dieselbe vollständig mit dem Königthume theilte. Wie das
Reich, so beruhte ja auch das Fürstenthum noch lediglich auf
dem Lehnsverbande. Von Landeshoheit war da nicht die Rede;
entsprechende Gewalt, wie der König über seine fürstlichen, hatte
der Fürst über seine gräflichen Vasallen; aber nicht mehr; eher
weniger, da die Verpflichtung gegen das Reich doch schliesslich
jeder andern voranstand.

Darauf kam es nun an, welcher Gewalt es zuerst gelang,
den Bruch mit dem Lehnsstaate zu vollziehen, sich der lehnrechtlichen Schranken zu entledigen. Das Königthum war da
auf dem besten Wege; und wäre es davon nicht abgelenkt durch
jenes sizilische Erbreich, wo solche Aufgabe freilich müheloser
zu lösen war, kein Zweifel, dass ihm bei seiner Machtfülle der
entschiedenste Sieg gewiss gewesen wäre. Was das Königthum
erwarb, was ihm in den eigenen Sprengeln heimfiel, wurde
grossentheils nicht mehr lehnweise verliehen; an die Stelle der
Vasallen treten königliche Beamte. Das zwölfte Jahrhundert
zeigt uns einen steigenden Einfluss des Laienelements auf die
Reichsverwaltung. Nicht der grossen Laienfürsten. Den grössten
Einfluss üben einfache Edelherren, dem Könige fast alles verdankend, was sie sind, ohne Stütze, wenn seine Gunst ihnen
entzogen bleibt. Vor allem aber beachtenswerth erscheint im
zwölften Jahrhunderte das Vortreten der Dienstmannschaft des
Reichs, einer selbst persönlich ganz vom Könige abhängigen
Menschenklasse, unter der es an überaus energischen und befähigten Persönlichkeiten in keiner Weise mangelt. Unter Heinrich VI liegt bereits in ihnen vorzugsweise das Schwergewicht
der Reichsverwaltung; sie sind im täglichen Rathe des Königs,
sie besorgen die wichtigsten Verhandlungen, sie verwalten das
Gut des Hauses und des Reiches, schalten in Italien als Beamte
oder Sendboten des Kaisers, bilden den stets schlagfertigen Kern
seines Heeres. Und auch wo gelehrte Bildung erforderlich war,
benöthigte man nicht gerade der geistlichen Fürsten; unter den

Reichspröbsten und der Hofgeistlichkeit niedern Ranges mochten die geeigneten Personen sich genügend finden; schon unter Heinrich VI ist die Stellung des Bisthums zur Reichsverwaltung eine andere, als sie es noch zu des Vaters Zeiten gewesen war. An befähigten und ergebenen Dienern seines Willens gebrach es dem Königthume nicht, wenn es ihm gelang, allmählig der Verwaltung der einzelnen Reichstheile durch fürstliche Vasallen ein Ende zu machen. Und der Weg dazu war ihm aufs bestimmteste gewiesen. Nur eine sehr beschränkte Erblichkeit der Lehen, nur von Vater auf Sohn, kannte das deutsche Recht, hier ungleich engere Gränzen ziehend, als das Herkommen der romanischen Länder. So musste es überaus häufig zum Heimfalle kommen. Aber freilich, so lange man sich an die Satzung band, dass binnen Jahr und Tag Fürstenamt und Grafschaft wiederzuverleihen waren, war dadurch wohl dem Könige manche Gelegenheit geboten, seine Kassen zu füllen, sich der Treue der Fürsten zu versichern; eine Beseitigung des Lehnfürstenthums selbst war noch nicht ermöglicht. Noch Friedrich I hatte sich wenigstens den Fürsten gegenüber an jene Satzung gebunden. Heinrich VI fühlte sich stark genug, diese Schranke zu durchbrechen, offen seine Absicht auszusprechen, keinen Anspruch von Töchtern und Brüdern berücksichtigen zu wollen, erledigte Fürstenthümer zum Nutzen des Reichs in eigene Verwaltung zu nehmen. Im J. 1190 war er schon nach Thüringen gegangen, um Besitz zu ergreifen; nur die Rücksicht auf den Zug nach Sizilien bewog ihn, dennoch den Bruder des Landgrafen zu belehnen, und später weigerte er sich, das Nachfolgerecht der Tochter desselben anzuerkennen. Auch die Rheinpfalz hatte er ins Auge gefasst; erst nach langem Zögern gelang es dem Schwiegersohne, die Belehnung zu erhalten. Was er dort beabsichtigte, wurde in Meissen thatsächlich durchgeführt; mit Uebergehung der Ansprüche des Bruders wurde das Land für das Reich eingezogen und amtsweise verwaltet. So war die Bahn mit Bestimmtheit eingeschlagen, welche in Deutschland viel rascher, als in Frankreich, den Bruch mit dem Lehnsstaate ermöglicht hätte. Wie es kam, dass das Königthum sie nicht einhalten, dagegen nun umgekehrt das Fürstenthum mit Entschiedenheit dieselbe einschlagen und durch Einziehung der Grafschaften seine Landeshoheit anbahnen konnte, werde ich nicht ausführen dürfen. Allerdings hätten sich nun die geistlichen Fürstenthümer nicht in derselben Weise einziehen lassen, wie die weltlichen, da sie nicht dauernd heimfielen. Aber einmal war hier das Verhältniss an und für sich weniger bedenklich wegen des Einflusses des Königs auf die Wahlen, wegen der ausgedehnteren Rechte, welche ihm den Reichskirchen gegenüber zustanden. Und es ist wohl zu beachten, dass in Deutschland nahezu alle Bischöfe dem Reiche unterstanden, nicht einzelnen Grossen, wie das in Frankreich so häufig der Fall war; auch in dieser Richtung war das deutsche Königthum wesentlich günstiger gestellt.

Weiter aber war auch hier schon der Weg gefunden, welcher das einst an die Kirchen gekommene Reichsgut unter unmittelbare Verwaltung der Krone zurückbringen musste. Nur zum geringeren Theile war dieses zu unmittelbarer Verfügung der Kirchen geblieben; an mächtige weltliche Vasallen verliehen, hatte es schliesslich vielfach mehr die Gewalt der weltlichen, als der geistlichen Reichsfürsten gestärkt. Doch fielen auch die Kirchenlehen in Ermanglung von Söhnen heim; und mittelbar würde schon das die Krone gestärkt haben, wenn nun auch die Bischöfe beim Heimfalle ihre Lehen eingezogen hätten. Aber es konnte ihr auch unmittelbar zu Gute kommen. Dass der König Lehen von seinen Bischöfen haben könne, hatte man früher für unvereinbar mit der Würde der Krone betrachtet. Schon unter Friedrich I überwog die Rücksicht auf den materiellen Gewinn das formelle Bedenken. Wie hier aber der erste Schritt einmal gethan war, musste das Verhältniss rasch die ausgedehntesten Dimensionen gewinnen. Wo ein Kirchenlehen heimfiel, welches die königlichen Besitzungen abrunden konnte, da gebrach es dem Könige auch nicht an Mitteln, die Belehnung für sich oder seine Söhne zu erwirken; und wo Güte nicht zum Ziele führte, hat man auch den Zwang nicht gescheut. Es war hier mit grösster Entschiedenheit eine Bahn eingeschlagen, welche den tiefgreifendsten Einfluss auf die Stärkung der Königsgewalt, auf die Erweiterung des unmittelbaren Gebietes seiner Herrschaft ausgeübt haben würde, in Frankreich unzweifelhaft wirklich ausgeübt hat. Wie die weltlichen Fürsten ohne Unterbrechung dieser Entwicklung allmählig verschwunden wären, so würden die geistlichen ihres weltlichen Besitzes zu Gunsten der Krone entkleidet, auf das Kirchenurbar und die Pflichten ihres geistlichen Amtes zurückgeführt worden sein; der Sorge für die weltlichen Angelegenheiten würde das Königthum sie gründlich überhoben haben.

Wenn später die Dinge rasch eine andere Wendung nahmen, so darf uns das nicht als Massstab dienen für das, was unter Friedrich I und Heinrich VI, obwohl schon unter diesem die Rücksicht auf Sizilien vielfach hemmend einwirkte, in Deutschland bereits wirklich erreicht war, was beim Fortschreiten auf dieser Bahn in sicherer Aussicht stand. Am Sträuben der Fürsten würde es freilich kaum gefehlt haben; aber schwerlich hätte es unter normalen Verhältnissen die Bewegung noch rückgängig machen können. Die Machtmittel, über welche die Krone in Deutschland unmittelbar verfügte, waren schon zu bedeutend, ungleich bedeutender, als die der französischen Könige jener Zeit. Wie ausgedehnt trotz aller frühern Vergabungen in fast allen deutschen Ländern noch immer das Reichsgut war, sieht man am bestimmtesten aus der Masse dessen, was den spätern Königen zu Gebote stand, um sich die Gunst der Fürsten zu erkaufen. Unter der sorgsamen Verwaltung K. Friedrichs I war es entschieden im Wachsen; so bildete sich erst unter ihm jener überaus bedeutende, wegen seiner vorgeschobenen Lage für die Verhältnisse des Ostens so wichtige Reichsgüterkomplex im Pleissner Lande; doppelt wichtig, als nun unter Heinrich auch die Einziehung Meissens für das Reich gelang. Das schon lange nur noch dem Namen nach verliehene Herzogthum Schwaben mit Elsass, das ostfränkische Herzogthum, die Grafschaft Burgund, zeitweise die Rheinpfalz waren in den Händen des Kaiserhauses. Dazu nun die Hausgüter, das salische, das welfische Erbe, die ausgedehnten Kirchenlehen, jene gewaltige Gütermasse, welche Friedrich I zum Staunen der Chronisten für sein Haus zusammenzubringen wusste. Als Heinrich zum letztenmale Deutschland verliess, durchzogen dasselbe in breiter Masse und ununterbrochener Folge von den französischen Gränzen bis zu den östlichen Marken die unmittelbaren Besitzungen des Reichs und des Königshauses.

Und vor allem wird zu beachten sein, dass die Stellung des Königthums in den Nebenlanden vielleicht nie so gesichert war, diese es ihm vielleicht nie in gleichem Masse gestattete, vor allem die deutschen Verhältnisse im Auge zu behalten, als in den spätern Zeiten Friedrichs und unter Heinrich. Weder in Burgund, noch in Italien trafen sie noch auf ernstlichen Widerstand. In jenem war zunächst in Folge der Heirath Friedrichs die kaiserliche Hoheit bereitwilliger anerkannt, als jemals. In Italien sollen sich nach dem Konstanzer Frieden nach den Versicherungen des Gegners S. 67. 68 die Verhältnisse allerdings sehr einfach gestaltet haben; es ist Rede von einem Verzichte auf eigentliche Herrschaft; der Kaiser soll sich nur noch auf die freie Gunst der Städte stützen, er muss nach dem Verluste der Lombardei auf einen neuen Stützpunkt in Sizilien sinnen. Wie der Gegner sich den Zustand Italiens in dieser Zeit denken mag, weiss ich nicht; was mir darüber bekannt geworden ist, weiss ich mit seiner Darstellung nicht wohl zu reimen.

Im Konstanzer Frieden verzichtet der Kaiser zu Gunsten der bedeutendsten lombardischen Städte auf eine Reihe von Hoheitsrechten, welche auch formell grossentheils früher nicht unmittelbar dem Reiche, sondern den Bischöfen zustanden, welche thatsächlich schon lange vorher in den Händen der Städte waren. Dagegen werden andere Hoheitsrechte dem Kaiser aufs bestimmteste vorbehalten, wird vor allem sein finanzielles Interesse aufs beste bedacht. Statt unklarer, schwankender Verhältnisse war hier ein fester Rechtsboden gewonnen; ich denke zum Vortheile beider Theile. Hatte Friedrich an die Begründung einer unumschränkten Herrschaft in der Lombardei gedacht, so waren solche Plane allerdings so wenig durchführbar gewesen, als die Plane gegen die Unabhängigkeit des Pabstthums. Aber war damit die Herrschaft Italiens verloren? Die Gebiete, wo nun die lombardischen Städte in einer den deutschen Fürsten ähnlichen Stellung das unmittelbare Eingreifen des Kaisers und seiner Beamten zum grossen Theile ausschlossen, bildeten nur einen Theil des Königreichs. Und bei einer einigermassen umsichtigen und masshaltenden Politik durfte der Kaiser nicht leicht erwarten, sich diesen geeinigt gegenüber zu finden. Sobald Vergewaltigung aller durch das Reich nicht mehr zu fürchten war, machten die innern Gegensätze im Städtebunde sich um so schärfer wieder geltend und damit das Bedürfniss nach dem Eingreifen der Reichsgewalt; bei irgend besonnener Benutzung der Umstände war selbst hier viel eher eine Steigerung, als Minderung des kaiserlichen Ansehens zu erwarten. Die wenig mächtigen geistlichen und weltlichen Vasallen waren hier um so bestimmter auf Anhänglichkeit an den Kaiser angewiesen. Dann war ja aber ein grosser Theil Italiens von der städtischen Bewegung wenig oder gar nicht ergriffen; durch den Verzicht des alten Welf auf seine grossen italischen Reichslehen war hier die Ordnung der Dinge dem Kaiser unmittelbar anheimgestellt; es gab keine fürstliche Macht mehr, welche eine ähnliche Stellung hätte einnehmen können, wie einst die Gräfin Mathilde. Und war für ein unmittelbares Eingreifen in der Lombardei weniger Raum mehr geboten, so konnte man nun hier die Zügel um so schärfer anziehen. Keine Stadt, keinen einheimischen Grossen liess man zu bedrohlicher Macht gelangen; deutsche Edle, Dienstmannen des Reichs oder Mitglieder des Kaiserhauses verwalteten Tuszien, das Exarchat, Spoleto, die Marken als Herzoge oder Markgrafen, als Grafen oder Kastellane einzelner Städte und Burgen, während im ganzen Umfange des Königreichs Reichslegaten die kaiserlichen Hoheitsrechte übten. So weit ich sehe, ist Italien, sei es durch den Kaiser oder den römischen König selbst, sei es durch kaiserliche Gewaltträger nie unmittelbarer und wirksamer regiert worden,[1] als eben nach dem Konstanzer Frieden. Es war hier,

---

[1] Obwohl es auch für andere Zeiten durchaus unrichtig ist, wenn der Gegner S. 48 annimmt, von einer Reichsverwaltung in Italien sei nur dann die Rede gewesen, wenn der Kaiser mit einem Heere im Lande stand. Ich hatte

denke ich, mehr als je eine Stellung gewonnen, welche eine fast
ausschliessliche Beschäftigung des Kaisers mit den deutschen
Angelegenheiten ermöglichte, ohne desshalb auf die wirksame
Herrschaft in Italien verzichten, die reichen finanziellen Zuflüsse
aus demselben entbehren zu müssen. Und mit diesem Rückhalte
hätte die Entwicklung der Dinge, wie sie in Deutschland angebahnt war, nur um so rascher sich erfüllen müssen.

Und dieses mit solcher Machtfülle ausgestattete, auf solche
Aussichten hingewiesene deutsche Königthum soll ein blosses
Namenkönigthum, ein wesenloser Schemen gewesen sein? Ich
frage den Gegner nochmals, wer wird ihm darin beistimmen
mögen?

In meiner Auffassung dieser Dinge, obwohl sie nicht von
heute oder gestern, sich nicht aus oberflächlicher Reflexion gebildet hat, kann ich dennoch mannichfach irren; ich mag das
eine übersehen, anderm zu grosses Gewicht beigelegt haben; und
im Interesse der Sache würde es mir nur erwünscht sein, auf die
Erörterung begründeter Einwände eingehen zu können. Aber wie
auch immer sich das Schlussergebniss hier gestalten, wie weit es
von der eigenen Auffassung sich entfernen mag: den offenkundigsten Thatsachen gegenüber sehe ich nicht ab, wie sich die
Behauptung des Gegners von völliger kaiserlicher Ohnmacht,
welcher sich die Staufer durch die Erwerbung Siziliens entziehen
mussten, jemals wird begründen lassen. Seiner Polemik gegenüber glaube ich hier allerdings nicht das Mindeste zurücknehmen
zu dürfen; sein willkürliches Umspringen mit den Thatsachen,
sein Versuch, meine Behauptungen zu verschieben und daraufhin
meine Ansicht als auf einseitigem kirchlichem Eifer beruhende
zu verdächtigen, scheint mir nur um so mehr dafür zu sprechen,

---

das bereits S. 82 bestimmt in Abrede gestellt: der Gegner nimmt davon einfach keine Notiz, wodurch er sich freilich die Mühe erspart, sich zu verge-
wissern, ob die von mir hervorgehobene Thatsache, welche in seine Darstellung
nicht passt, irrig oder bedeutungslos sei; aber nur in diesem Falle wäre er
doch berechtigt, einfach auf das Gegentheil zurückzukommen.

dass wenigstens er ihr mit den Mitteln redlicher Polemik nicht beizukommen wusste.

Subjektive Momente der verschiedensten Art können und müssen auf die Bildung solcher Ansichten vielfachen Einfluss nehmen. Die Stellung zu den Parteien der Gegenwart wird nicht das einzige, oft vielleicht nicht einmal das wichtigste sein. Wenn der Historiker sich vorzugsweise mit den Zuständen eines enger begränzten Zeitraumes beschäftigt, sich möglichst in dieselben einzuleben versucht, so werden diese für seine Beurtheilung der Verhältnisse anderer Perioden unwillkürlich oft eben so massgebend sein müssen, als der Einfluss der Dinge, welche ihn im Leben der Gegenwart umgeben. Es kann das zu mancher Einseitigkeit der Auffassung führen, zu welcher einem Anderen jede Veranlassung fehlen würde, während freilich vielleicht auch für diesen derselbe Umstand nur in anderer Richtung sich geltend machen wird. In wie weit dieses Moment bei der Beantwortung einer Einzelfrage das Urtheil beirrt, in wie weit es vielleicht gerade einen besonders günstigen Standpunkt darbietet, wird von der Lage des Einzelfalls abhängen.

Wer sich vorzugsweise mit der Geschichte der Anfänge des Reichs beschäftigt, mit der Begründung der Kaiserpolitik durch Karl und Otto, sich hier überzeugt, wie Grosses der Kaisergedanke in Staat und Kirche gewirkt hat, wie mancher wesentliche Fortschritt durch ihn bedingt erscheint: bei dem würde es mir sehr begreiflich erscheinen, wenn er fast unwillkürlich auch bei seiner Beurtheilung späterer Zeiten sich jenem Eindrucke hingeben, sich schwer von dem Gedanken trennen würde, eine Idee, welche einst so Grosses gewirkt, könne auch später nicht wohl die Quelle unsäglichen Uebels gewesen sein; dass zunächst nur das ihn veranlassen könnte, die Gründe dieses anderswo zu suchen.

Nicht von da, nicht von einer Bewunderung jenes ersten Auftretens der christlichen Kaiseridee, ihrer gewaltigen Träger, ihrer unläugbaren Erfolge ausgehend hat sich meine Ansicht vom Werthe des Kaiserreichs gestaltet. Wer meine Arbeiten einigermassen beachtet hat, weiss, dass es die Zustände des Reichs im zwölften und im dreizehnten Jahrhunderte sind, mit denen ich mich seit Jahren mit Vorliebe beschäftige. Will man das erwähnte subjektive Moment in Rechnung bringen, so ist hier der Anknüpfungspunkt gegeben. Nun ist auffallenderweise dieser ganze Zeitraum ein solcher, in welchem nach den bestimmtesten Versicherungen des Gegners das deutsche Reich in Folge der Kaiserpolitik schon völlig zerrüttet war. Ist das begründet, wie hätte mich dann umgekehrt nicht gerade die Beschäftigung mit der Geschichte dieser Zeit zu einer vielleicht einseitigen Verurtheilung auch der frühern Kaiserpolitik bestimmen sollen?

Im dreizehnten Jahrhunderte fand freilich auch ich jene Zerrüttung im vollsten Masse. Aber ich durfte nur zurückschauen über die Schwelle des Jahrhunderts, um ein ganz anderes Bild zu gewinnen, dessen bestimmende Züge ich oben auszuführen versuchte; ein mächtiges, wohlabgerundetes Kaiserreich, als Kern desselben ein Nationalreich mit genügend kräftigem, wenn auch nicht unbeschränkt waltendem Königthume; überall die Aussicht auf gedeihliche Entwicklung, so weit ich sah, nirgends die Keime nothwendiger Zersetzung. Dieses Kaiserreich des zwölften Jahrhunderts verdankt der Kaiserpolitik jenes ersten Otto ihr Entstehen; es ist das Ergebniss derselben, wie es sich gestaltet hat unter dem Einflusse der Wechselfälle zweier Jahrhunderte. Nichts schien mir naheliegender, als der Schluss, dass an diesem Ergebnisse vor allem zu prüfen sei, in wie weit jene Politik eine berechtigte und auch auf die Dauer gedeihlichen Erfolg versprechende, in wie weit sie eine unberechtigte oder doch nur zeitweise den Verhältnissen angemessene gewesen sein dürfte. Denn so unmittelbar der Zusammenhang, so sichtliche Unterschiede ergab doch auch wieder dieses Kaiserreich bei einem Vergleiche mit dem Streben jenes Otto. Wusste das zehnte Jahrhundert den Gefahren eines Zerfalles der christlichen Welt in zusammenhanglose Bruchtheile nichts entgegenzustellen, als den Gedanken des kaiserlichen Weltreichs, so versteht das zwölfte unter dem Kaiserreiche eine festbegränzte, die Mitte des Welttheils erfüllende, und auf sie beschränkte staatliche Gestaltung. War der Dunstkreis des alten Reiches vielleicht übermässig durch

Weihrauch getrübt: er hatte sich jetzt merklich verzogen; mehr und mehr begannen die Gebiete beider Gewalten sich zu scheiden. Je weniger die Kirche des kaiserlichen Eingreifens mehr bedurfte, um so mehr verringerten sich die kirchlichen Aufgaben unseres Herrschers, um so weniger war es für ihn nöthig, auch im Innern seine ausschliessliche Stütze im Bisthume zu suchen. Aber unberührt und unerschüttert war jene gewaltige politische Stellung, welche unsere Nation seit den Tagen Ottos nach aussen gewonnen, und unter ihrem Schirme schien auch das nationale Staatswesen nach allen Seiten hin zu grösserer Kräftigung und Einigung zu gelangen. Von seinen idealen Zielen mehr und mehr abgelenkt, schien sich überall um so bestimmter die Aussicht auf gedeihliche Weiterentwicklung des Kaiserthums auf realer politischer Basis zu eröffnen. Ich habe daraus geschlossen, dass man recht wohl den masslosen Zielen der Kaiserpolitik seine Billigung versagen kann, dass dennoch ihr thatsächlicher, durch die Macht der Umstände enger begränzter Erfolg, der Bestand eines die nationalen Gränzen überschreitenden Kaiserreichs, dem Gedeihen der nationalen, wie der allgemeineren Interessen förderlich gewesen sei, dass er aller Voraussicht nach bei ungestörter Weiterentwicklung auf denselben Grundlagen auch fernerhin förderlich gewesen sein würde.

Ich glaubte auf dieses mehr subjektive Moment, den persönlichen Gedankengang, ausdrücklich hinweisen zu sollen. Wenn ich hervorhebe, dass meine Ansicht zunächst sich bildete unter dem massgebenden Einflusse der Verhältnisse des zwölften Jahrhunderts, der Erwägung dessen, was nach zweihundertjähriger Dauer sich aus der Kaiserpolitik ergeben hat, so wird das für diejenigen, welche keinen Grund finden, der Wahrheit meiner Aussage von vornherein zu misstrauen, gerade dem Beweisgange des Gegners gegenüber sehr zu meinen Gunsten ins Gewicht fallen. Niemandem kann ich es freilich auch verwehren anzunehmen, dass diese Ansicht sich unter dem Einflusse moderner grossdeutscher oder, wo mir der Zusammenhang weniger klar ist, kirchlicher Anschauungen gebildet habe. Für die Sache gilt das gleich, so lange man mir nicht nachweist, dass mir das Veranlassung geworden ist, die Thatsachen jener Zeit anders darzustellen, als sie sich mir aus der Forschung ergeben haben, oder Schlüsse auf dieselben zu bauen, welche eine unbefangene Erwägung nicht rechtfertigen kann. Ob das etwa bereits dem Gegner gelungen, überlasse ich Anderen zur Entscheidung. Bis jetzt habe ich keinerlei Veranlassung gefunden, von der Ansicht abzugehen, dass das nationale deutsche Staatswesen nicht verfallen ist, weil das Kaiserreich bestand, sondern weil dieses verfiel; und dass auch das Kaiserreich verfallen ist, nicht weil seine innere Gestaltung in ihrer Weiterentwicklung nothwendig zu solchem Ausgange hätte führen müssen, sondern weil durch die ihm selbst fremden Beziehungen seines Herrscherhauses zu Sizilien unter dem Einflusse ungünstiger Wechselfälle die bisherigen Grundlagen der deutschen Kaiserherrschaft verlassen wurden; für diese wird der schliessliche traurige Erfolg einer auf Sizilien sich stützenden Kaiserpolitik nicht den Massstab geben dürfen.

Werfen wir nach Erledigung der Hauptfrage noch einen Blick auf die dem Wendepunkte unserer Geschicke zunächst folgende Entwicklung. Ich glaubte Gewicht darauf legen zu dürfen, dass, als nun im dreizehnten Jahrhunderte das deutsche Königreich wesentlich sich selbst überlassen, von kaiserlichen Verwicklungen nur noch wenig berührt war, sich in Folge dessen nichts weniger zeigt, als ein erhöhter Eifer für die Festigung und Einigung des nationalen Staatswesens, dass vielmehr, wie ich S. 113 ff. andeutete, der Zerfall der Kaisermacht Hand in Hand ging mit einer stetig fortschreitenden Lösung aller staatlichen Bande, welche bis dahin die Nation und selbst ihre einzelnen Stämme geeinigt hatten; je mehr man von den allen Deutschen gemeinsamen äussern Aufgaben, wie das Kaiserreich sie bot, sich zurückzog, um so mehr lockerten sich auch alle innern staatlichen Verhältnisse der Nation. Der Gegner tritt dem nicht unmittelbar entgegen; ich wüsste auch nicht, wie er es widerlegen wollte. Aber seine Darstellung der Folgezeit durchzieht doch eine entgegengesetzte Anschauung: das Bewusstsein nationaler Pflichten und nationaler Einheit soll vom dreizehnten bis zum sechszehnten Jahrhunderte in stetem Fortschreiten gewesen sein; es bedurfte also nur der Beseitigung der kaiserlichen Aufgaben, um alsogleich die nationalen Bestrebungen hervortreten zu lassen. Es war meine Absicht, auch die Berechtigung dieser Ansicht eingehender zu erörtern, meine eigene näher zu begründen. Aber wo die Anschauungen über die Lage der Verhältnisse im zwölften Jahrhunderte so weit auseinandergehen, da fehlt ein gemeinsam anerkannter Ausgangspunkt, auf dessen Grundlage eine Verständigung über die nun folgende Entwicklung möglich wäre. Wer damals schon alles verfallen wähnt, dem kann freilich die Versuchung nahe treten, in Dingen den Beginn einer Wiederkräftigung zu sehen, welche in Wirklichkeit nur schwache Reste dessen sind, was einst gewesen. Unter Verweisung auf das in den Vorlesungen Gesagte, welchem der Gegner im einzelnen nicht entgegentritt, dürften wenige Gegenbemerkungen genügen, um zu erweisen, wie wenig auch hier die Auffassung des Gegners mit den Thatsachen in Einklang zu bringen ist.

Bedurfte es nur der Befreiung von den kaiserlichen Verwicklungen für ein erspriessliches Gedeihen des nationalen Staatswesens, so war für uns auch im dreizehnten Jahrhunderte noch nichts verloren. Das Jahr 1198 bezeichnet meiner Ansicht nach allerdings den entscheidendsten Wendepunkt der deutschen Geschichte. Der unmündige rechtmässige Erbe der deutschen Krone von dieser ferngehalten und auf sein sizilisches Erbreich verwiesen; in Deutschland eine zwiespältige Wahl; ein Fürstenthum, welches um so rücksichtsloser die Verlegenheiten des Königthums auszubeuten sucht, je schwerer es das Uebergewicht desselben in den letzten Zeiten hatte fühlen müssen; ein gewaltiger Pabst, geeignet, wie kein anderer, die Lage der Verhältnisse zur Wiederbeseitigung der durch den Erwerb Siziliens begründeten kaiserlichen Uebermacht zu benutzen, rasch die deutsche Machtstellung in Italien erschütternd, in Deutschland dem Könige entgegenarbeitend, dessen Sieg eine Wiederbefestigung der dortigen Verhältnisse am sichersten zu verbürgen schien: das alles liess den Tod Heinrichs VI in seinen Folgen als einen Schlag erscheinen, wie er gleich verderblich das Reich kaum noch getroffen hatte. Dennoch ist das Gewicht der Ereignisse des J. 1198 weniger darin zu suchen, dass von nun ab die Möglichkeit der Herstellung schon ausgeschlossen gewesen wäre, sondern darin, dass die noch immer mögliche Herstellung in Wirklichkeit nicht mehr erfolgt ist. War das deutsche Staatswesen bis dahin noch so fest gestaltet, wie ich nachzuweisen versuchte, so durfte freilich ein einzelner, wenn auch noch so harter Schlag, es nicht so aus allen Fugen gehen lassen, dass die Wiederfestigung von vornherein unmöglich schien. Und dass das schon der Fall war, wird sich schwerlich mit Grund behaupten lassen.

Kam es thatsächlich nicht mehr zur Herstellung, so lag der Grund einmal in unberechenbaren Unglücksfällen, in der sich steigernden Gleichgültigkeit der Nation gegen alle den engsten Kreis überschreitenden staatlichen Aufgaben, vor allem aber darin, dass die Verbindung unserer Herrscher mit Sizilien nicht gelöst wurde, dass hier ein Verhältniss vorlag, auf welches nicht blos die verderblichen Folgen jenes ersten Schlages vorzugsweise zurückzuführen sind, sondern welches wieder und wieder die gegründetsten Hoffnungen auf eine Wendung zum Bessern vereitelte. Als Philipp in Deutschland endlich nahezu allgemein anerkannt war, traf ihn das Schwert des Mörders. Otto, kaum gefestigt im Königthume und Kaiserthume, führt durch das Streben nach Sizilien rasch seinen Sturz herbei. Nun kam der junge König Siziliens, gerufen von den Deutschen, gestützt von der Kirche. Mag v. Sybel S. 72 noch so bestimmt das Gegentheil versichern: die Erfolge seiner ersten Regierungsjahre lassen keinen Zweifel, dass alles bisherige Missgeschick das Gelingen einer freilich nicht mühelosen Herstellung der königlichen und kaiserlichen Gewalt noch nicht ausgeschlossen hätte, wenn er es über sich hätte gewinnen können, auf persönliche Herrschaft in Sizilien zu verzichten, von Deutschland aus in alter Weise das Kaiserreich zu regieren. Aber es hielt ihn nicht. Die Ermordung Engelberts, die Untüchtigkeit K. Heinrichs mehrten die Zerrüttung. Dennoch sehen wir, was Friedrich noch 1235 bei kurzem Aufenthalte zu erreichen im Stande war. Aber er zog wieder zum Süden; und jetzt erst zeigen sich rascher nach allen Seiten die Zeichen der innern Zersetzung. Wenn dann auch Konrad und wieder Konradin das nächste Ziel ihrer Wünsche in Sizilien sahen, dort ihr Ende fanden, so war freilich in Deutschland schon wenig für sie zu hoffen; aber jeder spätere Versuch der Herstellung hätte doch aufs wesentlichste gefördert sein müssen, wäre es noch möglich gewesen, an das Erbrecht des alten Kaiserhauses anzuknüpfen.

Dennoch wird man zögern müssen, zu behaupten, die inzwischen so gewaltig angewachsene Macht des Fürstenthums hätte von vornherein Königen auch eines anderen Hauses jeden Boden zu gedeihlicher Wirksamkeit entzogen. Auf unmittelbare Wiederherstellung der alten Kaisermacht musste freilich verzichtet werden. Aber für die beschränktere deutsche Aufgabe schienen die Mittel immerhin noch zu genügen. Sie liess sich lösen, ohne dass das zu Konflikten mit dem nun übermächtigen Pabsthume hätte führen müssen. Die Interessen der einzelnen Fürsten waren zu widerstreitend, als dass hier das Königthum nicht immer wenigstens auf eine starke Partei hätte rechnen dürfen. In den Städten war ein neues Element voll frischer Lebenskraft erstanden, fürstlichen Bestrebungen durchweg abhold. Die ganze Masse der kleinen Reichsstände, von den Fürsten bedroht, aber noch nicht unterworfen, hätte natürlicher Verbündeter der Krone sein müssen. Gab es wieder ein Königshaus, so war auch eine Hausmacht leicht durch die jetzt allgemeine Einziehung heimfallender Lehen wiederzugewinnen. Aber eins freilich war nöthig; den Bestrebungen der Könige musste eine Tendenz der Nation auf grössere staatliche Einigung in die Hände arbeiten, es musste die Einsicht von der Nothwendigkeit derselben vorhanden sein, und vor allem der Wille, selbst mit Hintansetzung nächstliegender Sonderinteressen etwas dafür zu thun.

Nach v. Sybel S. 77 bedurfte es nur des Falles des staufischen Kaiserthums, „so begann das Werk der Reproduktion auf der Stelle, an hundert Punkten, in mannichfacher Richtung." Ja freilich, an hundert Punkten, nur nicht an dem einen, welcher vor allem ins Auge zu fassen, in jeder Richtung, nur nicht in der, wo es nöthig und ein Erfolg noch zu erwarten gewesen wäre. Er sagt S. 79 im Hinblicke auf die Erfolge der Hansa und der Eidgenossenschaft: „es war offenbar keine Chimäre, auf dem Wege der freien Einigung die Restauration des Reiches anzustreben." Nun wohl, viel mehr, als bei den spätern Einigungen tritt solche Tendenz gerade bei der ersten und zeitweise meistversprechenden hervor, beim rheinischen Bunde. Die Einsicht dessen, was Noth that, ein starkes Königthum, war noch vorhanden; es werden zu seiner Erreichung auch Anläufe genommen, wie dieselben späteren Verbindungen fremd sind; aber was hat man eingesetzt, als der Tag der Entscheidung kam? Was das deutsche Bürgerthum auch nachhaltig zu leisten vermochte, wenn ein genügendes materielles Interesse in Frage stand, hat freilich die Hansa gezeigt; aber grosse Gesichtspunkte nationaler Politik blieben dieser fern; und wo dieselben, wie im rheinischen Bunde, bestimmt ausgesprochen waren, mussten sie alsbald nächstliegenden Interessen weichen. So weit die Sache des Königthums mit dem Privatinteresse einzelner Stände zusammenfiel, konnte es allerdings thätiger Mitwirkung versichert sein; als K. Rudolf sich gegen ihren Dränger, den Böhmenkönig erhob, liessen die baierischen Bischöfe es freilich nicht fehlen; als K. Albrecht sich gegen die Kurfürsten wandte, genügte die Aussicht auf Beseitigung der Rheinzölle, ihm die Unterstützung der Städte zu sichern. Aber vergebens suche ich nach den Thatsachen, welche für das Vorhandensein der Einsicht und des Willens sprächen, für die Wiederbefestigung der staatlichen Verhältnisse des Ganzen auch ohne Rücksicht auf den nächstliegenden eigenen Vortheil Opfer zu bringen. Der reichen Fülle des deutschen Lebens dieser Zeit wird niemand die vollste Bewunderung versagen können; sie zeigt, was das deutsche Volk auch in der Vereinzelung, und gewiss zum Theil gerade in Folge derselben zu leisten im Stande war. Aber umfassendere staatliche Gesichtspunkte, eine Tendenz auf politische Einigung und Kräftigung des Ganzen scheinen mir bei der Nation noch völlig zu fehlen.

War in dieser Richtung noch etwas zu hoffen, so sind wir noch durchaus auf das Königthum, als auf den Faktor des politischen Lebens hingewiesen, bei welchem Privatinteresse und Gesammtinteresse wenigstens so lange noch zusammenfiel, als die Hoffnung auf Wiederbefestigung der Erblichkeit nicht völlig aufgegeben werden musste. Noch bei den ersten Habsburgern scheint es mir, wie ich S. 115 andeutete, sich wesentlich nur um diesen Punkt zu handeln, scheint bei günstigem Erfolge in dieser Richtung auch die Herstellung der Königsgewalt auf der alten Grundlage noch keineswegs ausgeschlossen. Von der freien Gunst der Kurfürsten war die Erblichkeit freilich nicht zu erwarten, nur von ihrer Niederhaltung, von der Wiederbeseitigung einer erst seit kurzem auf Kosten der andern Stände ausschliesslich berechtigten oligarchischen Gewalt, von gewaltsamer Erwerbung oder Behauptung der Krone, wie sie Albrecht gelang, Friedrich misslang. Der Gegensatz zwischen einem die Erblichkeit noch fest ins Auge fassenden Königthume und einem vor allem auf freier Wahl bestehenden Kurfürstenthume dürfte für die Entwicklung der Gesammtverhältnisse in dieser Zeit vorzugsweise als der massgebende gelten müssen. Der Ausgang des Streites bei Mühldorf scheint mir nicht blos entscheidend bezüglich der Personen der Gegenkönige, sondern auch bezüglich eines durch sie vertretenen weitergreifenden Prinzips. Erst jetzt scheinen mir thatsächlich die Sachen so weit gediehen, dass wenigstens in engerm Anschlusse an die frühere Gestaltung auf Wiederherstellung nicht mehr zu rechnen war; in der goldenen Bulle fand diese Entwicklung dann auch ihren formellen Abschluss.

Konnte, wie die Sachen einmal lagen, von erneuerter Vererbung der Krone nur beim Hause Habsburg die Rede sein, so ist wohl zu beachten, dass nun auch gerade die Könige dieses Hauses die Anschauung vertreten, dass die Thätigkeit des Herrschers zunächst nur Deutschland ins Auge zu fassen, sich von allen weitergreifenden Verwicklungen möglichst frei zu halten habe; dass dagegen, und gewiss nicht zufällig, gerade die Könige anderer Häuser sich nicht an diese heilsame Schranke binden mögen.

Dass es gerade das Haus Habsburg war, an dessen Obsiegen, wie mir scheint, sich damals die letzten Hoffnungen knüpften, ist nicht meine Schuld, aber freilich bedenklich für die Aufrichtigkeit einer Ansicht, welche, nach dem Sprachgebrauche des Gegners, den kaiserlich königlichen Hofhistoriographen so bestimmt zu verrathen scheint. So muss es mir im Interesse der Sache fast leid sein, dass der erste einmüthig gewählte König und seine Nachkommen nicht zufällig etwa Luxemburger waren. Vielleicht dass dann auch der Gegner sie seiner Aufmerksamkeit einigermassen gewürdigt hätte. Denn es möchte doch fast scheinen, dass eine Darstellung dieser Verhältnisse, zumal in Entgegnung auf eine Schrift, welche die nationale Politik der ersten Habsburger ausdrücklich betonte, die Namen Rudolfs und Albrechts kaum übergehen durfte. Fürchtete der Gegner etwa, so wenig ich da einen Zusammenhang sehen kann, seinem politischen Endergebnisse zu schaden, wenn er die nationale Bedeutung des Königthums der ersten Habsburger berührte? Es würde dieses Nichterwähnen weniger auffallen, wenn nun nicht sogleich in der Regierung K. Ludwigs S. 80 das nationale Element in einer Weise betont wird, welche ganz und gar ungerechtfertigt erscheinen muss. Ich meine, gerade dem Standpunkte des Gegners hätte sich der Unterschied gebieterisch aufdrängen müssen zwischen dem sich wenigstens thatsächlich wesentlich auf die Aufgabe des deutschen Königs beschränkenden Walten jener Habsburger und dem kaiserlichen Streben des ersten Luxemburgers und des Wittelsbachers.

Es ist sehr begreiflich, wenn Könige dieser Zeit auf die Wege des alten Kaiserthums zurückzugehen versuchten. Den Zielen einer auf das nationale Königthum gerichteten Politik entsprach keine in weitern Kreisen mit Bewusstsein gehegte, zu bestimmterem Ausdrucke gelangte Richtung. Die grösseren politischen Gesichtspunkte der Zeit knüpften noch überall an das Kaiserthum an; wo man sich unbefriedigt fühlte durch die staatlichen Verhältnisse, legte man seinem Verfalle die Schuld zu; wo man sich beeinträchtigt fühlte durch kirchliche Uebergriffe, glaubte man alles Heil von seiner Wiederherstellung erwarten zu dürfen. Es ist bekannt, welche Gewalt der Name des zweiten Friedrich noch lange auf die Gemüther übte, wie man es hier den Habsburgern verübelt, dass sie lässig sind in ihren kaiserlichen Pflichten, dort die Deutschen anklagt, dass sie nur von nächstliegenden Sorgen in Anspruch genommen, ihrer grossen Aufgabe vergessen. Die Richtung der Zeit kommt dem Streben Heinrichs und Ludwigs noch überall entgegen, formell war dasselbe in jeder Weise berechtigt. Aber es fehlte die feste Basis der alten Kaisermacht; vor Herstellung der deutschen Königsgewalt auf die breite kaiserliche Stellung zurückgreifen hiess nur einen neuen Kampf mit dem Pabstthume unter möglichst ungünstigen Verhältnissen hervorrufen.

Es ist begreiflich, wenn das dennoch geschah; doppelt begreiflich bei Ludwig, für welchen bei seiner Stellung zwischen den übermächtigen Häusern der Habsburger und Luxemburger an eine gedeihliche Herrscherthätigkeit in Deutschland kaum zu denken war. Und auch von allgemeineren Gesichtspunkten aus würde sich für sein Vorgehen in dieser Richtung Vieles geltend machen lassen. Nur vom Standpunkte des Gegners aus hätte ich gerade hier den allerschärfsten Tadel erwartet.

Wenn dieser fehlt, so ist freilich auch zu beachten, dass v. Sybel-diese Dinge mit ganz anderen Augen ansieht. Er redet von der auf Zersetzung des Weltreiches der lateinischen Christenheit nach den besondern Nationalitäten gerichteten Strömung der Zeit, welche mit nachhaltiger Kraft auch in unserem Vaterlande begann und zum erstenmale einen grossen politischen Ausdruck in der Zeit Kaiser Ludwig des Baiern gewann. Er meint, alle Elemente zu einer siegreichen Erhebung des nationalen Königthums waren vorhanden; die Freiheit der nationalen Krone suchte Ludwig dem Pabstthume abzuringen; die Staatslehre jener Zeit stellte die Freiheit der Nation dem päbstlichen Weltstaate gegenüber.

Da finden wir nun freilich durchaus nationale Gesichtspunkte; nur das eine ist bedenklich, dass wir sie zunächst nur in der Schrift des Gegners finden, nicht aber in den bezüglichen Schriftstücken des vierzehnten Jahrhunderts; noch bedenklicher, dass die Thatsachen solcher Auffassung durchaus zu widersprechen scheinen. Hat sich vielleicht Pabst Johann XXII in den Thronstreit, so lange nur Deutschland in Frage stand, in ähnlicher

Weise eingemischt, wie einst Innozenz III, für den einen, gegen den andern Partei nehmend, hat er den Deutschen einen König seiner Wahl aufdringen wollen? Er hat zur Eintracht gemahnt, später seine Vermittlung angeboten, sich übrigens, wie ihm das Ludwig selbst später zum Vorwurfe macht, wenig um den Streit in Deutschland gekümmert; dafür freilich um so bestimmter das an und für sich durchaus unbegründete, aber doch schon von seinen Vorgängern vielfach geübte Recht der Verwaltung Italiens in Anspruch genommen, nach dem Satze, dass bei Erledigung des Kaiserthums dem Pabste die Verwaltung des Kaiserreichs gebühre. Hat denn nun der Gegner ganz darauf vergessen, was den Pabst bewog, aus seiner abwartenden Stellung herauszutreten? handelte es sich, als Ludwig durch seinen Sieg kühn geworden, Truppen zur Unterstützung der Feinde des Pabstes und seines Vikars nach Italien sandte, um die Freiheit der nationalen Krone? Auf dem Rechtsboden des alten Kaiserreichs kommt der Streit zum Ausbruche, von ihm aus hat Ludwig ihn weitergeführt, nicht vom Standpunkte nationaler Unabhängigkeit. Wenn seine Blicke sich nun um so bestimmter auf Italien richten, wenn er nach Rom geht, wenn er rein kirchliche Streitigkeiten in seinem Interesse benutzt, wenn er einen Gegenpabst setzt, sind denn das nicht alles Mittel und Wege der alten Kaiserpolitik? Des Mangels einer lebhaften und aufrichtigen nationalen Gesinnung möchte ich ihn freilich desshalb nicht zeihen, da mir diese durch kaiserliches Streben in keiner Weise ausgeschlossen, da mir jede Befugniss zu fehlen scheint, dieselbe von irgend welchem subjektiven Ermessen über die nationalen Aufgaben der Vergangenheit oder der Gegenwart abhängig zu machen. Aber wie fasst Ludwig seine nationale Aufgabe? Lieber sterben will er nach seinen eigenen Worten, als es erleben, dass die heiligsten Rechte der deutschen Nation, dass die Herrschaft der Welt, welche seine Vorgänger mit dem kostbaren Blute so vieler Deutscher erstritten, eine Beute der Fremden werden; das treibt ihn nach Italien. Es sind mannhafte, kaiserliche Worte voll stolzen nationalen Bewusstseins; aber der Auffassung des Gegners dienen sie freilich nicht zum Belege.

Aber wenn nicht Ludwig selbst, so werden wenigstens Andere als Ziel seines Kampfes die Freiheit der nationalen Krone betrachtet haben? Wenn irgendwie in der Nation, seit sie sich von den grössern Aufgaben mehr zurückzog, der Trieb lebendig war, sich in nationaler Beschränkung staatlich fester zu gestalten, wenn ein Bewusstsein vorhanden war, dass man sich von kaiserlichen Verwicklungen ganz zurückziehen, dafür aber Unabhängigkeit und Kräftigung des nationalen Königthums um so bestimmter ins Auge fassen müsse, so hätte das in diesen Kämpfen fast nothwendig zum Ausdrucke gelangen müssen. Der althergebrachte Anspruch des deutschen Königs auf die Kaiserkrone war es allein, welcher eine Einflussnahme des Pabstes auf innere deutsche Reichsangelegenheiten veranlasst und bis zu einem gewissen Grade berechtigt hatte. Formell waren hier die Rechte des Pabstes jetzt besser begründet, als je; was früher als unberechtigter Uebergriff erscheinen konnte, war dem übermächtigen Pabstthume seit dem Falle der Staufer vielfach durch Könige und Fürsten verbürgt und verbrieft worden. Aber einer thatsächlichen Entwicklung gegenüber, wonach nur noch vereinzelt ein König die Kaiserkrone erlangte, von Uebung kaiserlicher Rechte kaum mehr die Rede war, die Wirksamkeit des Königs sich wesentlich auf Deutschland beschränkte, konnte nichts unbilliger erscheinen, als die rücksichtslose und vielfach nur in französischem Interesse erfolgende Uebung päbstlicher Rechte bezüglich der Königswahl, wenn hier zunächst nur der deutsche König, nicht mehr der künftige Kaiser in Frage kam. Was hätte nun, wenn die Nation irgendwie von national-politischen Gedanken im Sinne des Gegners durchdrungen war, näher liegen können, als diese Anschauung geltend zu machen, auf Beseitigung jenes halben Verhältnisses hinzudrängen, zu verlangen, dass der Herrscher lieber dem gehaltlosen kaiserlichen Titel und den daraus abzuleitenden thatsächlich fast werthlosen Ansprüchen entsage, dafür nun aber auch nach Beseitigung des Grundes der päbstlichen Eingriffe mit aller Energie auf vollster Unabhängigkeit der nationalen Krone bestehe?

Die Kenntniss der Thatsachen und Anschauungen dieser Zeit

haben wir nicht aus einseitigen Klosterchroniken zu schöpfen. Eine Fülle des Materials liegt vor, eine Reihe der wichtigsten und ausführlichsten Aktenstücke und Streitschriften; von welchen staatsrechtlichen und politischen Gesichtspunkten man ausging, wissen wir aufs genaueste. Wenn nun, so weit ich sehe, nirgends jener Gedanke durchbricht, so wird es kaum einen schlagendern Beweis dafür geben können, wie fremd den Deutschen noch das Bewusstsein der Nothwendigkeit einer auf die Nation beschränkten Staatsgewalt war. Von einer solchen ist nirgends die Rede; alles dreht sich um den Gegensatz zwischen der höchsten kirchlichen und weltlichen Gewalt, zwischen dem Pabstthume und dem christlichen Kaiserthume. Freilich, auch von dem Königthume ist vielfach die Rede. Aber ist denn das das deutsche? Niemand hat daran gedacht; es handelt sich um das römische Königthum, um die Befugniss des römischen Königs, auch vor erhaltener Kaiserkrönung im ganzen Umfange des Kaiserreichs die kaiserlichen Rechte zu üben, um die Befugniss der Kurfürsten, nicht zunächst der deutschen Nation, sondern dem römischen Reiche einen Herrscher zu geben. Und nicht blos die Ausländer, welche für Ludwig schrieben, auch die Deutschen haben diese Sachen von keinem anderen Gesichtspunkte aus behandelt.

Es ist ein Kampf, dessen Berechtigung und Werth von einem universalen Standpunkte aus wir nicht zu untersuchen haben, welchem aber nationale Gesichtspunkte durchweg fremd blieben, insofern man nicht das häufig betonte Anrecht der Deutschen, nicht auf Unabhängigkeit, sondern auf die Herrschaft im Kaiserreiche dahin zählen will. Es wird gestritten gegen den Gedanken päbstlicher Weltherrschaft, gegen päbstliche Ansprüche, wie sie erst seit der Zerrüttung des Kaiserreichs sich entwickelt, wie sie trotz der Abhängigkeit des Pabstes von Frankreich nach aussen hin nichts von ihrer Schärfe verloren hatten, wohl aber um so härter empfunden wurden. Aber nicht den Gedanken nationaler Unabhängigkeit stellt man ihnen entgegen. Gegen das universale Pabstthum stützt man sich durchaus auf die Berechtigung des universalen Kaiserthums, hier seine Nothwendigkeit philosophisch begründend, dort auf die unverjährbaren historischen Befugnisse desselben verweisend. Man wird die kaiserlichen Ansprüche in einer Fassung, wie sie etwa bei Lupold von Bebenburg vorliegt, als durchweg gerechtfertigt, es im wohlverstandenen Interesse nicht blos des Staates, sondern auch der Kirche liegend betrachten können, wenn es möglich gewesen wäre, das Kaiserthum in der beabsichtigten Weise wiederherzustellen. Aber daran war nicht zu denken, so lange die deutsche Basis seiner Gewalt nicht wieder gefestigt war. So mochte sich manches erreichen lassen bezüglich des negativen Zielpunktes des Kampfes, der Erschütterung der päbstlichen Autorität in weltlichen Dingen. Aber die Reste der deutschen Königsgewalt hatten die Kosten dieser kaiserlichen Wirren zu tragen. Die von den ersten Habsburgern wenigstens thatsächlich eingeschlagenen Wege waren verlassen; die Kaiserideen traten wieder ganz in den Vordergrund; deutsche und italienische Verhältnisse standen wieder in engster Verbindung; nicht die Blicke des Kaisers allein, sondern in auffallender Weise auch die deutscher Fürsten, der Luxemburger, Habsburger, Görzer, waren auf Herrschaft in Italien gerichtet. Auch das Walten K. Karls IV, wo es die Gränzen des eigenen Besitzes überschreitet, bewegt sich wesentlich auf der breiten Grundlage des Kaiserreichs, mit dem Unterschiede freilich, dass er auch hier, wie in Deutschland selbst, nur das in Anspruch nimmt, was ihm ohne ernsten Kampf gewährt wurde.

Ich finde es begreiflich, wenn man den antipäbstlichen Bestrebungen der Zeit Ludwigs von universalen Gesichtspunkten aus grossen Werth beilegt, ihnen die nächstliegenden politischen Bedürfnisse der Nation glaubt nachsetzen zu dürfen. Es ist auch ein nationales Element in dieser Bewegung gar nicht zu verkennen; aber es ist nicht der Gedanke möglichster Unabhängigkeit auf dem eigenen nationalen Gebiete, welcher sich geltend macht; der althergebrachte Vorrang, die herrschende Stellung der Nation in der Christenheit werden vielfach wieder schärfer betont. Wie aber der Gegner gerade hier den nationalen Staatsgedanken in seiner Auffassung wirksam sehen kann, ist mir völlig unbegreiflich. Wo er wenigstens thatsächlich die Regierung der ersten Habsburger vorwiegend bestimmt, vergisst er ihn aufzusuchen oder will ihn nicht finden. Dagegen findet er ihn in der Regierung eines Herrschers, welcher, als sich ihm kaum gegründetere Aussichten auf Befestigung seines nationalen Königthums zeigten, sogleich die italienischen Bestrebungen wiederaufnimmt und dadurch den lange vermiedenen Kampf mit der Kirche neu entzündet; findet ihn in einer Zeit, welche wieder vorwiegend von universalen Tendenzen bestimmt war. Nun, er wird seine Belege dafür haben, welche mir entgangen sind. Ist der nationalpolitische Gedanke damals wirksam gewesen, so muss er bei Streitigkeiten, welche so vorwiegend auch mit der Feder geführt wurden, gewiss zum Ausdrucke gelangt sein. So weit ich sehe, ist es nicht der Fall; aber bei der Masse des schwer übersichtlichen Stoffes möchte ich freilich nicht dafür einstehen, dass es nirgends der Fall gewesen sei, obwohl ich es bezweifle. Vermag der Gegner solche Belege nicht beizubringen, so scheint er hier einen Missgriff gethan zu haben, wie er der ganzen Tendenz seiner Schrift nach kaum ärger hätte sein können. Er kann sich dann diese Dinge schwerlich näher angesehen haben, da man sonst annehmen müsste, er habe seiner Zwecke wegen da, wo von der Unabhängigkeit der weltlichen Gewalt, von dem römischen Königthume und Kaiserthume die Rede ist, absichtlich die Unabhängigkeit der Nation, das nationale Königthum an deren Stelle treten lassen; denn nur auf jene, nicht auch auf diese, passt allerdings das Meiste, was er sagt.

Dem, was der Gegner meiner Auffassung der Bedeutung und des Werthes des alten deutschen Kaiserreiches für die deutsche Nation entgegengestellt hat, bin ich ausführlich genug gefolgt, um Anderen das Urtheil überlassen zu dürfen, in wie weit wenigstens ihm eine Widerlegung derselben geglückt ist. Auch wird das Gesagte vollkommen ausreichen, um sich ein Urtheil darüber zu bilden, wie der Gegner mit den Thatsachen und mit meinen Behauptungen umspringt, zu welchen Mitteln der Polemik er seine Zuflucht genommen hat. Seinen historischen Erörterungen weiter zu folgen, liegt nähere Veranlassung für mich nicht vor.

Für die Beurtheilung der Hauptfrage, von der wir ausgingen, ist das Abweichen der Meinung über die spätere Entwicklung nicht mehr von Gewicht; und nur selten wendet der Gegner sich noch unmittelbar in einer Weise gegen meine Behauptungen,[1] welche mir in persönlichem Interesse ein Eingehen nahe legen könnte. Dann aber sind diese spätern historischen Erörterungen schon jetzt anderweitig eingehend gewürdigt worden,[2] während bei dem allseitigeren Interesse, welches sich an die uns näher liegenden Dinge knüpft, unzweifelhaft zu erwarten steht, dass auch andere in Aussicht gestellte Entgegnungen sich vorzugsweise mit ihnen beschäftigen dürften.

Dasselbe gilt freilich noch in erhöhtem Masse von dem politischen Endergebnisse. Zweckmässigkeit und Möglichkeit der Bildung eines engeren Bundes sind, auch mit nächster Rücksicht auf die Schrift des Gegners, von den verschiedensten Seiten erörtert worden. Ich war auf diesen dem historischen, wie dem nationalen Gesichtspunkte weniger naheliegenden Gedanken eines

---

[1] Mit einigem Eifer geschieht das nur noch S. 91 bezüglich meiner Bemerkung, dass die habsburgische Machtentfaltung unter Karl V für Deutschland den Nutzen gebracht habe, dass die französische Macht beschränkt und aus Belgien und Italien hinweggewiesen sei. Er glaubt dagegen geltend machen zu dürfen, dass durch Karl Mailand und die Niederlande nicht deutscher, sondern spanischer Herrschaft überwiesen wurden. Was die formelle Seite der Frage betrifft, so gehörten jene Länder nach wie vor zum Reiche; ihre rechtliche Stellung als Reichslehen war dieselbe, ob die deutsche oder die spanische Linie des Hauses Habsburg sie beherrschte. Was die materielle Seite angeht, so glaubte ich S. 131 andeuten zu dürfen, dass dieses Verhältniss für Deutschland das vortheilhaftere war, weil die spanische Linie eher in der Lage war, diese Länder gegen Frankreich zu vertheidigen, als die durch die Türken bedrängte deutsche Linie. Und ich sehe nach wie vor keinen Grund, diesen Umstand für bedeutungslos zu halten. Wenn dagegen der Gegner bei der ganzen damaligen Sachlage es als gleichgültig für Deutschland betrachtet, ob Mailand und die Niederlande spanisch oder französisch wurden, so liegt die Versuchung doch zu nahe, ihm den eigenen Ausdruck zurückzugeben und das als eine „für kindliche Hörer" berechnete Behauptung zu bezeichnen.

[2] Onno Klopp, die gothaische Auffassung der deutschen Geschichte und der Nationalverein. Mit Beziehung auf die Schrift des Herrn v. Sybel: Die deutsche Nation und das Kaiserthum.

engeren Bundes nur des nichtösterreichischen Deutschlands unter preussischer Führung nicht eingegangen, da der bestimmtere Gegensatz gegen meine Anschauung in dem Gedanken eines den Zerfall Oesterreichs voraussetzenden deutschen Gesammtreiches lag. Und praktische Bedeutung scheint ja der eine wie der andere nur in so weit zu haben, als das Aufstellen solcher Zielpunkte das Streben Preussens nach Arrondirung durch norddeutsche Gebiete fördern kann, ein Streben, welches mir nicht in gleicher Weise unausführbar, aber am wenigsten im deutschen Interesse zu liegen schien. Diesem schien mir vielmehr vor allem die Aufrechthaltung einer die Nation überschreitenden äussern Machtstellung und innerhalb derselben grössere Einigung der ganzen Nation zu entsprechen. Werden nun diese Dinge auch sonst häufig genug besprochen, so war es doch meine Absicht, die frühern Andeutungen von den gerade mir nächstliegenden Gesichtspunkten aus etwas näher auszuführen und gegen die Einwürfe des Gegners zu vertheidigen, wobei sich dann Gelegenheit ergab, auch auf einzelne Punkte seiner spätern historischen Erörterungen zurückzugreifen. In der Verwendung meiner Zeit beschränkt, musste ich darauf verzichten, eine solche Erörterung hier anzuschliessen, wollte ich nicht die Veröffentlichung der Rechtfertigung meiner Ansicht über die historische Frage, an welcher mir vorzugsweise liegt, wesentlich verzögern. Finde ich Zeit, jene Absicht in nicht zu langer Frist noch ausführen zu können, so wird der nur lose Zusammenhang beider Theile der Entgegnung ohnehin eine getrennte Veröffentlichung derselben in mancher Beziehung nur angemessen erscheinen lassen können.

Innsbruck 1862 Februar 27.